KB013873

위로
해주려는데

왜 자꾸
웃음이 나올까

위로
해주려는데

왜 자꾸
웃음이 나올까

티파니 와트 스미스 지음

이영아 옮김

남의 불행에 느끼는
은밀한 기쁨
샤덴프로이데

다산
초당

일러두기 ─────

1 글의 내용 이해에 필요한 옮긴이의 주는 별표(*)로 표기하고 해당 쪽 아래에 각주 처리했으며, 인용문 출처와 관련된 저자의 주는 숫자(1, 2, 3)로 표기하고 후주(後註) 처리했다.

2 단행본, 장편소설, 신문, 정기간행물에는 겹낫표(『』), 단편소설, 시에는 홑낫표(「」), 영화, 드라마, 텔레비전 프로그램, 노래, 그림에는 홑꺾쇠(〈〉)를 사용했다.

차례

타인의 실패에서 위로를 얻다

지난 화요일, 우유를 사러 가게에 갔다가 연예계 가십 기사가 실린 잡지들 앞에 나도 모르게 멈춰 섰다. 누군가 내 속마음을 엿듣기라도 할까 봐 나는 본능적으로 이런 생각을 했다.

'윽, 누가 저런 저질 잡지를 사.'

그러고는 한 권을 집어들었다. 순전히 호기심에서. 울퉁불퉁한 허벅지, 살이 찌거나 빠진 연예인들, 엉덩이 사이에 낀 비키니, 붉은 주름들이 축 늘어져 있는 팔뚝. 그중 내 마음에 드는 기사는 휘황찬란한 대저택에 사는 팝스타인가 모델인가 하는 어떤 여자의 인터뷰였다. 나는 남이 호화 저택에 산다는 얘기를 들으면 부러워서 속이 쓰리는 사람이다. 하지만 이건 달랐다. 그녀의 외로운 인생을 이야기하는 기사였다. 비극적인 이별을 맞은 후 비참할 정도로 외롭다고.

나는 주위를 둘러보다가 잡지를 계산대로 가져가 동전을 꺼냈다. 가슴이 훈훈해졌다. 나는 운이 좋은 사람이구나. 아니, 실은 우쭐한 기분까지 들었다.

고백하자면, 나는 낮에 텔레비전을 즐겨 본다. 주위 사람들은 내가 몇 년 전에 담배를 끊은 줄 알지만 사실은 아직도 피우고 있다. 지각을 자주 하는데 보통은 거짓말로 변명한다. 그리고 가끔은 남들이 기분 나쁠 때 내 기분이 좋아지기도 한다.

샤덴프로이데란?

🪰 교수님에게 "더욱 항문에 정진하도록"이라고 쓰인 단체 문자를 받았을 때.

- 슈퍼마켓의 치즈 코너에 있다가 들킨 채식주의자 연예인을 볼 때.
- 항상 큰 노력 없이도 인기를 끌던 친구가 애인에게 차였을 때.

'남의 불행은 꿀맛'이라는 일본 속담이 있다. 프랑스어로 '주아 말린joie maligne'은 남의 고통에 느끼는 사악한 기쁨을 뜻한다. 덴마크에서는 '스카데프리드skadefryd', 네덜란드에서는 '리드베르마크leedvermaak'라고 한다. 남에게 닥친 재앙을 즐거워하는 심리를 히브리어로는 '심차 라에드simcha la-ed', 표준 중국어로는 '싱자이러훠幸災樂禍', 세르보크로아티아어로는 '즐루라도스트zlùradôst', 러시아어로는 '즐로라드스트보zloradstvo'라고 한다.

2000년도 더 전에 로마인들은 '악의 있는 사람'을 가리켜 '말레볼렌티아malevolentia'라고 불렀다. 그보다 더 일찍 그리스인들은 '에피카이레카키아epichairekakia('에피'는 '……에 대한', '카이로'는 '큰 기쁨', '카키아'는 '치욕'을 의미한다)'라는 감정을 묘사했다. 독일의 철학자 프리드리히 니체는 다음과 같이 썼다. "남의 고통을 보면 기분이 좋아진다. 남을 고통스럽게 만들면 훨씬 더 기분이 좋다. 냉정한 말이지만, 강력하고 인간적인, 너무도 인간적인 원칙이다."[1]

파푸아뉴기니의 외진 섬 닛산에 살고 있는 멜라네시아인들은 남의 고통을 비웃는 것을 '반바남Banbanam'이라고 부른다.[2] 경쟁자의 시체를 파내고 유해를 마을 여기저기 뿌려서 조롱하는 극단적인 형태의 반바남도 있다. 일상적으로는 굴욕적인 실패를 맛본 사람을 보고 그의 등뒤에서 고소해하는 정도가 보통이지만, 날씨를 관장하는 주술사의 주문이 실패로 돌아가 경쟁 관계에 있는 마을 사람의 잔칫날에 비가 내릴 때, 어떤 남편이 바람피우다 걸려 아내에게 고환을 움켜잡힌 채 싹싹 빌지만 어림도 없이 무시당할 때 흐뭇한 웃음이 난다. 반바남은 일종의 저항이기도 하다. 멜라네시아인들이 여전히 신나게 들려주는 일화가 하나 있다. 오스트레일리아의 한 장관이 마을을 방문했는데 주민들이 자기 뜻대로 움직여주지 않자 화가 나서 씩씩거리며 돌아가다 차를 나무에 들이박았다는 이야기다.

오래전에 그려진 초상화 속에서 기뻐하며 환하게 웃

는 사람들은 남의 불운을 은밀히 즐거워하는 자들과는 아주 달라 보인다. 하지만 정말 그럴까? 2015년 독일 뷔르츠부르크의 한 심리학 연구실에서 서른두 명의 축구 팬들을 대상으로 실험을 진행했다.[3] 그들의 얼굴에 근전도 검사 패드를 붙이고 경기 중계를 보여주면서, 독일 팀과 그 숙적인 네덜란드 팀이 페널티 킥을 성공하거나 실패할 때 그들이 미소 짓거나 찌푸리는 표정을 측정했다. 실험 결과, 독일 팀이 골을 넣을 때보다 네덜란드 팀이 골을 넣지 못할 때 독일 팬들은 더 빨리, 더 환하게 미소 지었다. 샤덴프로이데의 미소는 기쁨의 미소와 구분되지 않지만 딱 한 가지 점에서 다르다. 자신의 성공보다는 적의 실패에 더 많이 웃는다는 것이다.

정말이다. 오래전부터 우리 인간들은 시대와 문화권에 상관없이 남들의 굴욕과 실패를 먹잇감 삼아 자신의 행복을 찾았다.

영어에는 이런 추잡한 기쁨을 의미하는 단어가 없었다. 1500년대에 고대 그리스어에서 차용한 '에피캐리커시 epicaricacy'라는 단어를 도입하려는 시도가 있었지만 별 반응을 얻지 못했다. 1640년 영국 철학자 토머스 홉스는 인간의 감정을 쭉 나열하면서 제일 끝에 '이름 없는' 소수의 모호한 감정들을 이야기했다.[4] "폭풍우 치는 바다에서 위험에 처한 사람들을 해변에서 지켜보는 즐거움은 무슨 심리에서 오는 것일까?" 기쁨과 동정이 기묘하게 조합된 심리로 "친구의 불행을 즐겁게 구경하는 걸까?" 홉스가 말하는 이 신비하고도 끔찍한 감정은 적어도 영어로는 이름이 없었다. 1926년 『스펙테이터Spectator』지의 한 저널리스트는 "샤덴프로이데에 해당하는 영어 단어는 없다. 이곳에는 그런 감정이 없기 때문이다"라고 주장했다.[5] 물론 틀린 말이다.

나는 영국인이고 타인의 불운과 고통을 즐기는 것은 티백이나 날씨 얘기만큼이나 우리 문화의 큰 부분으로 느껴진다. 많은 이들에게 사랑받고 있는 참으로 영국적인 소설 『오만과 편견』에서 베넷 씨는 이렇게 단언한다. "이웃들에게 놀림감이 되어주고 우리 차례가 되면 그들을 비웃는 재미가 아니면 무슨 낙으로 살겠니." 어떤 하원의원이 장부를 조작하다가 들키면 사람들은 정의의 사도라도 된 양 바르르 떨며 똘똘 뭉친다. 우리는 심지어 작은 샤덴프로이데를 얻기 위해서라면 자비自費를 들이는 것도 마다

하지 않는다. 조지 오웰의 말처럼, 영국인들은 전쟁의 승리 대신 참사("죽음의 계곡으로……"*)를 기리는 유일무이한 국민이다.

우리는 실패를 즐기는 방법을 알고 있다. 하지만 이 즐거움에 이름을 붙일라치면 우리의 언어는 위선적인 침묵에 빠지고 만다. 눈을 딴 곳으로 돌리고 불편한 듯 꼼지락거리면서.

그래서 우리는 샤덴프로이데Schadenfreude라는 독일어를 차용했다. '샤덴Schaden'은 피해나 손상을, '프로이데freude'는 기쁨이나 즐거움을 의미한다. 즉, '피해를 즐긴다'라는 뜻이다.

자신의 결점에 대해 생각하고 싶어하는 사람은 아무도 없지만, 그 안에는 우리의 인간다운 면모들이 많이 숨어 있다. 타인의 불운을 즐긴다고 하면 그저 잠깐 심술이 나는 정도라고 가볍게 생각할지도 모른다. 하지만 더 유심히 들여다보면, 우리 삶의 가장 은밀하면서도 중요한

---

* 앨프레드 테니슨의 시 「경기병 여단의 돌격The Charge of the Light Brigade」의 한 구절. 크리미아 전쟁 때 영국군이 러시아군에게 거의 전멸한 발라클라바 전투를 노래하고 있다.

부분들이 엿보일 것이다.

우리가 타인의 불행에 느끼는 즐거움은 놀라울 정도로 다양한 맛과 질감을 갖고 있다. 우선, 남의 무능력함에 느끼는 환희가 있다. 스키를 타다가 앞으로 고꾸라져 눈에 얼굴을 처박는 사람을 볼 때처럼 말이다. 어마어마한 규모의 실패도 마찬가지.

미국항공우주국NASA은 팀의 절반이 야드파운드법을, 나머지 절반이 미터법을 사용하는 바람에 1억 2500만 달러짜리 화성 인공위성을 잃고 말았다.

위선자들의 가면이 벗겨질 때 스스로 의로운 사람인 양 느끼는 만족감도 있다.

한 정치인이 발기한 성기 사진을 자기 인턴에게 보내려다 실수로 트위터에 올렸다.

그리고 물론, 라이벌이 비틀거리는 모습을 보면 내심 느껴지는 승리감도 있다. 요전에 대학 커피숍에서 한 동료가 내게 원하던 승진을 얻어냈느냐고 물었다. 나는 "아니요"라고 답했다. 그때 그가 다음과 같은 동정의 말을 쏟아내기 전에 보일 듯 말 듯 입가를 씰룩이며 히죽이는 것을 나는 놓치지 않았다. "운이 나빴네요. 아, 자기들만 손해죠, 바보들." 나는 "방금 웃었어요?"라고 묻고 싶었지만 그냥 참았다. 피차 마찬가지로 나도 그가 가끔 실패를 맛볼 때 찌릿한 행복을 느끼니까.

때로는 이런 기쁨을 남들과 함께 나누기도 한다. 오디션 프로그램에서 망신당하는 참가자를 비웃고, 불명예를 안고 사임하는 정치인의 퇴임 연설을 패러디한 영상을 SNS 계정에 퍼 나르고, 교사가 방귀를 뀌면 친구들과 함께 깔깔댄다.

하지만 자기 자신에게조차 인정하기 어려운 감정이 있다. 짜증날 정도로 잘나가는 친구들과 친척들의 나쁜 소식을 듣자마자 체기가 쑥 내려가듯 후련해지는 기분. 나도 모르게 터져나오는 이런 당혹스러운 기쁨과 함께 수치심도 찾아든다. 그리고 걱정이 되기 시작한다. 이렇게 몰인정한 내가 끔찍한 인간은 아닐까 하는 두려움 때문만은 아니다. 그보다는, 내 기분 좋자고 남의 불행을 덥석 무는 나의 시기심과 열등감이 들통난 것만 같은 기분이 들어서이기도 하다.

> 내 동생이 아이들을 데리고 미국으로 근사한 여름휴가를 떠났을 때 나는 기분이 썩 좋지 않았다. 너무 힘들기도 할 테고 돈도 많이 들 것 같아서 나는 아이들을 데리고 여행을 간 적이 한 번도 없었기 때문이다. 그러던 중에 동생의 페이스북 게시물을 봤는데, 그들이 여행하는 곳에 비가 내리고 있었다.

샤덴프로이데는 우리 주변 어디에나 있다. 우리가 정치를 하는 방식에도, 유명 인사들을 대하는 방식에도, 인터넷에 돌아다니는 실수 동영상들을 볼 때에도. 하지만 마냥 통쾌하지만은 않고 왠지 불편한 기분이 든다. 도덕주의자들은 오래전부터 샤덴프로이데를 경멸했다. 철학자 아르투르 쇼펜하우어는 샤덴프로이데가 "철저히 악한 마음과 하찮은 도덕성의 확실한 징후"이며 인간이 가지고 있는 최악의 본성이라고 말했다(그는 또 남의 고통을 즐거워하다 발각되는 사람은 인간 사회에서 배척해야 한다는 말

도 했다).[6]

나는 쇼펜하우어가 틀렸다고 믿는다. 타인의 고통을 기뻐하면 우리의 영혼이 더럽혀질까 걱정할 수는 있어도, 이 감정을 단순히 '악하다'고 단정 지을 수는 없다. 수천 년 동안 인간 사회의 가장 중요한 일들에는 샤덴프로이데가 관련되어왔다. 우리는 본능적으로 공정성을 추구하며 위선을 증오한다. 우리의 승리를 기대하며 경쟁자의 고통을 보고 싶어한다. 남들과 비교해서 우리 자신이 부족하면, 우리가 이제까지 해왔던 선택을 이해하려 애쓴다. 우리는 샤덴프로이데라는 감정을 통해 유대 관계를 맺고, 웃는다.

숱한 비난을 받으며 숨겨져온 이 감정을 좀 더 깊숙이 들여다보고 그 수치심과 은밀함에서 해방된다면, 우리가 진정 어떤 존재인가에 대한 많은 사실을 발견하게 될 것이다.

악의적인 기쁨

- 🦋 정원의 다람쥐들이 도토리를 어디에 묻어놓았는지 까먹을 때.
- 🦋 차를 험하게 몰던 운전자가 과속 카메라에 찍힐 때.
- 🦋 내 세 살배기 아이가 마지막 남은 비스킷을 손에 들고 희희낙락하면서 이리저리 흔들다가 강아지에게 빼앗길 때.

1853년, 영어로 쓴 책에 샤덴프로이데라는 단어가 처음 등장했을 때 사람들은 크게 흥분했다. 그 뜨거운 반응은 더블린 대주교 R. C. 트렌치R. C. Trench가 언어학 분야의 베스트셀러 『단어의 연구에 관하여On the Study of Words』에서 그 단어를 언급하며 의도한 바는 아니었을 것이다. 트렌치에게 샤덴프로이데라는 단어는 그 존재 자체가 불경스럽고 끔찍한 일, "인간의 사악한 천재성이 만들어낸 기이한 악의의 슬픈 기록"이었다.[7]

하지만 그 당시 빅토리아 시대 사람들은 개의치 않고 그 단어를 적극적으로 받아들여, 유쾌함에서부터 독선까지, 승리감에서부터 안도감에 이르기까지 광범위한 쾌감과 연관시켰다. 1867년, 역사가이자 강경 노선의 사회비평가인 토머스 칼라일은 일부 노동계층에게 투표권을 주는 선거법 개정안의 통과로 인해 초래될 혼돈을 상상하면, 비애국적일지 몰라도 짜릿한 샤덴프로이데("심술이랄지 정의감이랄지, 어떤 은밀한 만족감"[8])를 느낀다고 시인했다. 1881년, 한 체스 칼럼니스트는 순진한 상대를 만나면 어려운 전략을 사용하라고 부추기는 조언을 했다. 그들이 결국 헤매게 될 때 "독일인들이 말하는 '샤덴프로이데'에 탐닉할" 수 있으니 말이다.[9] 1890년대에 동물 권리 운동가 프랜시스 파워 코브Frances Power Cobbe는 「샤덴프로이데」라는 제목의 성명서를 쓰면서, 길고양이를 재미로 고문하는 폭력 충동과 샤덴프로이데를 동일한 것으로 취급했다.[10]

우리와 다를 바 없이 빅토리아 시대 사람들도 자기보다 우월한 사람이 마땅한 벌을 받으면 통쾌해했다. 의사 윌리엄 걸William Gull 경은 당시 영국에서 건강하게 살기 운동에 앞장선 금주가이자 (거의) 채식주의자였다. 그는 자기처럼 살아야 병에 걸리지 않는다며 독선적인 강연을 하고 다녔다. 그런데 1887년 그가 중병에 걸린 사실이 알려지자 『셰필드 앤 로더럼 인디펜던트』지는 "더 배부른 식사와 더 자유로운 삶"을 지지하는 사람들 사이에 "독일인들이 샤덴프로이데라 부르는 감정"이 감돌고 있다고 신나게 보도했다.[11]

오늘날 사람들은 다양한 즐거움을 샤덴프로이데와 연관시키고 있지만, 이 단어의 본뜻이 무엇이고 그 범위가 어디까지인지는 확실히 모르고 있다. 그러나 영어에서 그 단어가 어떻게 사용되어왔는지 살펴보면 다섯 가지 패턴이 보인다.

첫째, 일반적으로 샤덴프로이데는 우리가 직접 초래하지 않은 남의 불행을 우연히 발견하고 재미있게 구경할 때 느끼는 기회주의적인 기쁨을 의미한다. 제임스 본드가 비열한 음모에 걸려들었을 때 할리우드 악당이 느끼는 흡족함은 샤덴프로이데가 아니라 사디스트적인 쾌감에 해당한다. 반면, 악당이 실수로 넘어지는 바람에 자폭 버튼을 누를 때 킬킬거리는 부하는 샤덴프로이데를 즐기고 있는 것이다.

둘째, 당연한 말이지만 샤덴프로이데는 은밀한 감정이

다. 남의 불행에 기뻐 날뛰는 건 악당이나 하는 짓이다. 샤일록*은 경쟁자인 안토니오가 화물선을 잃어버렸다는 사실을 알고서 기쁨을 감추지 못한다. "하늘이 돕는구나, 하늘이 도와. 그게 사실인가, 사실이야?" "반가운 소식이야, 반가운 소식!"[12] 이렇게 샤덴프로이데를 겉으로 드러냈다가는 못된 인간으로 찍히거나, 옹졸함이나 시기심, 열등감 같은 다른 결점들까지 들춰질지 모른다.

셋째, 잘난 척하거나 위선적이거나 법을 어긴 사람이 마땅한 벌을 받으면 샤덴프로이데라는 감정도 정당하게 느껴진다. 면전에 대고 '내가 더 도덕적인 사람이다!' 하고 큰소리치기는 뭣해도, 웬만큼 떨어져서 마음껏 고소해하는 건 일반적으로 허용된다. 2015년, 미국의 목사 토니 퍼킨스Tony Perkins는 신이 낙태와 동성 결혼을 벌하기 위해 세상에 홍수를 내렸다고 말했다. 이 발언이 있은 뒤 그는 자신의 집이 물에 잠기는 바람에 카누를 타고 탈출해야 했다. 항상 공정함을 유지하는 BBC마저 이 사건을 통쾌하게 보도하면서, "신이 우리에게 메시지를 보내려 하신

---

* 셰익스피어의 『베니스의 상인』에 등장하는 유대인 고리대금업자.

다"라는 문제의 인터뷰와 침수된 집의 항공 사진을 나란히 올렸다.

넷째, 우리는 샤덴프로이데를 일시적인 해방구로 보는 경향이 있다. 남들의 실패를 보면 우리의 시기심과 부족감이 누그러지고, 절실했던 우월감을 잠깐이나마 맛볼 수 있다. 샤덴프로이데는 우리가 남들의 행동에 어떤 태도를 보이는지에 대해, 그리고 우리 자신의 취약점에 대해 많은 것을 말해준다. 풍자는 권력자를 잘근잘근 씹어줘야 제맛이듯, 우리보다 더 부유하고 매력적이며 재능 있는 사람들의 실패에 낄낄거릴 때 마음이 가장 편하다. 탁월한 샤덴프로이데 이론가인 프리드리히 니체는 샤덴프로이데가 "무능력한 자들의 복수"라고 주장했다.[13]

마지막 다섯째, 샤덴프로이데는 아주 심각한 비극이나 죽음보다는 사소한 불운이나 실수를 고소해하는 심리로 여겨진다(그리고 우리는 최악의 악당만이 남의 죽음에 박수를 칠 수 있다고 생각한다). 하지만 이것도 고정불변의 원칙이 아니며, 맥락이 중요하다. 바로 지금, 그것도 친구에게 참혹한 사건이 일어나면 당장 가슴이 철렁 내려앉겠지만, 유명인이나 먼 과거의 사람에게 일어난 일이라면 우리는 기꺼운 마음으로 구경할 수 있다. 심리학자들의 표현에 따르면 모든 감정은 '인지적'이다. 즉 외부의 자극에 반사적으로 나가는 반응이 아니라, 주변 세계와의 관계를 평가하고 판단한 뒤 그에 맞추어 반응해야 하는 복잡한 과정인 것이다.

때때로 우리는 잘못된 판단을 내리고, 샤덴프로이데는 도덕적으로 불편한 뒷맛을 남긴다. 〈심슨 가족〉의 한 에피소드에서 호머의 약 오를 정도로 완벽한 이웃 네드 플랜더스는 '레프토리엄The Leftorium'이라는 왼손잡이 전용 가게를 연다. 세 가지 소원을 빌 기회가 생기자 호머는 네드의 사업이 망하는 모습을 상상한다. 먼저, 파리만 날리는 가게, 텅 빈 주머니를 뒤집어 보이는 플랜더스, 그리고 재산을 압류하러 온 집달관에게 싹싹 비는 플랜더스. 플랜더스의 아이들이 플랜더스의 무덤 옆에서 우는 광경이 떠오르자 그제야 호머는 상상에 제동을 건다. "이건 너무 심하네." 그는 얼른 파산한 가게 이미지로 되돌아간다.

우리는 남의 고통을 어떻게, 왜 즐길까? 용인되는 것은 무엇이고 '너무 심한' 것은 무엇인가? 지난 2천 년 동안 이런 의문을 중점적으로 다룬 위대한 철학서들과 문학

작품들이 많이 나왔다. 하지만 오늘날만큼 샤덴프로이데를 이해하려는 절박함이 컸던 적은 없을 것이다.

샤덴프로이데의 시대

- 일본의 한 오락 프로그램에서 몸에 딱 달라붙는 체조복을 입은 참가자들이 수영장의 튜브 미끄럼틀을 올라가려고 시도하다가 차례로 주르륵 떨어진다.
- 방송계 스타이자 라이프스타일 코치인 백만장자가 부당 내부 거래로 쇠고랑을 찬다.
- 아역 스타들의 충격적인 근황!

2008년 12월, 『뉴욕 타임스』의 한 독자는 우리가 '샤덴프로이데의 황금시대'에 살고 있다며 한탄했다.[14] 전국의 블로그와 신문 사설란에 비슷한 표현들이 등장했다. 『가디언』의 한 시사 평론가는 "우리는 샤덴프로이데의 시대, 양심의 시대정신 속에 살고 있다"고 선언했다.[15] 정말 그럴까?

그들은 인터넷에 떠도는 헛소리들, 유명인들의 추락, 지저분한 가십 기사들을 비난했다. 악플러들의 악의적인 언행, 인터넷상에서 우르르 몰려들어 누군가를 공개적으로 망신시키고 분개하는 행태를 지적했다. 또 인스타그램의 그 모든 자랑질이 시기심을 부추겨, 남들이 더 크게 망하는 것을 봐야 잠시나마 속이 풀리게 된 현실을 개탄했다. 좀 더 최근에는 샤덴프로이데의 욕구 때문에 미국과 영국에서 '가짜 뉴스'가 판치고 훨씬 더 엽기적이고 자극적인 범죄들이 보도되고 있다는 주장도 있었다. "불법 체류자 가정부와 스리섬을 즐기는 클린턴 부부!" 남의 굴욕을 즐거워하는 심리가 개인의 도덕적 결함을 넘어 사회에 대한 위협이 될 수도 있을까?

감정을 연구하는 역사학자로서 나는 전에도 이런 일을 목격한 적이 있다. 과거에도 여러 차례 사람들은 특정 감정에 지배당하는 시대에 살고 있다고 선언한 바 있다. 18세기의 작가들은 그들 시대에 넘쳐흐르는 연민과 친절을 말했고, 1940년대에 W. H. 오든W. H. Auden은 '불안의 시대'를 이야기했다. 마치 각 시대마다 어떤 전염성 있는 감정이 갑작스럽고 기괴하게 발발한 것처럼 보일지 몰라도, 실제로 그 특정 감정은 온갖 종류의 욕구와 두려움이 합쳐지는 중심점 역할을 할 뿐이다.

예를 들어, 19세기에 자기계발과 생산성 높이기 열풍이 불면서, 그 반대편에 있는 권태는 졸지에 기피 대상이 되었다. 의사들은 알코올 중독에서부터 수음까지, 권태의 위험성에 대해 쓰기 시작했다. 정치인들은 시류에 편승해 무직자들과 가난한 자들이 게으름을 남에게 옮기고 있다며 비난했다. 페미니스트들에게 권태란 부유한 여성에 대한 위협이었고, 도덕주의자들은 권태가 아이들을 방종하고 잔인한 인간으로 변질시킬까 봐 걱정했다. 찰스 디킨스는 권태가 '우리 시대의 고질적 병폐'가 되었다며 비꼬듯 말했다.[16]

사실 정말로 우리 시대에 샤덴프로이데를 과거보다 더 많이 경험하고 있는지는 알 수 없다. 다만 더 노골적으로 변한 것은 확실한 듯하다. 예전에는 은밀히 숨기거나 정수기 근처에 모여 잠깐 웃음을 흘리며 주고받았던 감정이 지금은 디지털 세상에서 '좋아요'나 '공유하기'를 통해 영원히 박제되기 때문이다.

하지만 그 반대편에 서서 도의를 따지며 광분하는 분

위기도 분명히 형성되고 있다. 킴 카다시안이 파리에서 수백만 달러어치의 보석을(그녀가 며칠 전 인스타그램에 자랑했던 어마어마한 다이아몬드 반지까지) 털렸던 사건을 기억하는가? BBC는 그 도난 사건을 보도할 때, 트위터에서 그 일을 농담거리로 삼지 말라고 충고한 코미디언 제임스 코든James Corden의 트윗을 함께 소개했다.[17] 나는 당장에 그 게시글과 댓글들을 확인해보았다(어디까지나 연구 차원에서!). 하지만 내가 보기엔 킴 카다시안을 조롱하는 글이나 다른 트위터 사용자들에게 못됐다고 꾸짖는 글이나 그 양이 비슷해 보였다.

우리는 샤덴프로이데를 두고 갈피를 잡지 못하고 있다. 어떤 고통을 즐거워해도 되는지, 어떤 경우에 우리의 조롱이 너무 큰 상처를 초래하는지 확신하지 못하기 때문이다. 한편에서는 가십 사이트와 선정적인 저질 신문이 우리에게 마음껏 즐기라며 유혹하고 있지만, 막상 그렇게 하면 비난을 받는다.

샤덴프로이데에 관한 연구도 폭발적으로 증가했다. 2000년 이전까지만 해도 제목에 '샤덴프로이데'라는 단어가 들어간 논문은 거의 없었다. 지금은 대충 검색해도 신경과학에서부터 철학, 경영학에 이르기까지 다양한 분야에서 수백 건의 논문이 나온다. 인형이 벌받는 걸 보겠다고 기꺼이 거금을 내놓는 아이들에 관한 실험에서부터, 경쟁사의 제품이 망할 때 광고 회사들이 샤덴프로이데를 교묘하게 이용하는 방식에 관한 연구에 이르기까지 그 범위도 아주 넓다. 이 연구들로 밝혀낸 사실을 이 책에 담았다. 하지만 그 이전에 상기해두어야 할 것은 수백 건의 연구가 최근 20여 년 간 집중적으로 진행되었다는 사실로, 이는 샤덴프로이데가 예전보다 훨씬 더 뜨거운 관심을 받고 있다는 증거다.

왜 사람들은 샤덴프로이데에 이토록 큰 흥미를 보이고 있는 걸까? 이전에는 타인에 대한 조롱이 대개 사회적으로 부적절하게 여겨졌지만, 이제 그것을 큰 위험 부담 없이 할 수 있는 인터넷 세상을 이해하고자 하는 욕구도 분명 일부를 차지하고 있을 것이다. 공감을 중요하게 여기는 시대 분위기도 중요한 듯하다. 남들의 고통을 이해하는 능력은 오늘날 높이 평가받고 있으며 이는 바람직한 현상이다. 남의 입장에서 생각할 줄 아는 사람은 좋은 리더, 좋은 부모, 괜찮은 배우자와 친구가 될 확률이 높다.

하지만 공감이 중요해질수록 샤덴프로이데는 점점 더 미운털이 박히는 것 같다.

샤덴프로이데에 진저리를 치는 사람은 빅토리아 시대의 도덕주의자들만이 아니다. 정신없이 돌아가는 복잡다단한 현대 사회에서 위험한 상황이 닥치면 '자연스럽게' 공감이라는 반응이 나온다고 믿는 21세기의 인도주의자들도 샤덴프로이데를 불편하게 여긴다. 샤덴프로이데는 '공감의 부재', '공감의 반대말', '공감의 그림자' 등 다양한 이름으로 불리면서, 공감과는 상극의 관계가 되었다. 심리학자 사이먼 배런코언Simon Baron-Cohen은 사이코패스들이 남의 고통에 무심할 뿐만 아니라 심지어 그것을 즐길지도 모른다고 지적하며 이렇게 썼다. "독일어에는 이를 뜻하는 '샤덴프로이데'라는 단어가 있다."[18] 사정이 이러하니, 샤덴프로이데가 옳다고 느껴질 때조차 찝찝한 기분이 드는 것도 당연하다.

하지만 제리에게 당하는 톰을 보며 웃거나, 동생이 몇 주 동안 벼르다가 한 파마가 잘 나오지 않았을 때 픽 웃음이 난다고 해서 괴물이 되는 건 아니다. 남의 고통 자체를 즐기는 사람은 거의 없다. 그보다는 인과응보로 여기거나 어느 정도 유익하다는 판단 때문에 고소해하는 경우가 더 많다. 엄밀히 말하면 악의가 아니라 도덕적 균형을 유지하려는 욕구의 증거인 것이다. 또한 샤덴프로이데에도 나름의 이점이 있다. 열등감이나 시기심이 단숨에 줄어들고, 상사나 잘난 척 심한 선배의 실패를 계기로 우리끼리 똘똘 뭉칠 수 있으니 말이다.

무엇보다 샤덴프로이데는 우리가 도덕적으로 고지식하지 않고 감정적으로 유연하며, 서로 모순되는 것처럼 보이는 생각과 감정을 동시에 품을 줄 안다는 증거다. 샤덴프로이데와 연민을 완전히 다른 감정으로 여기는 사람도 있지만, 이 두 가지를 동시에 느낄 수도 있다. 도스토옙스키도 이 사실을 잘 알고 있었다. 『죄와 벌』에서 마르멜라도프가 어떤 사고를 당해 피투성이에 인사불성으로 상트페테르부르크의 공동주택에 돌아오자 모든 거주민들이 그의 주위로 몰려든다. 그들은 "누군가가 갑작스러운 대참사를 당할 때 가장 친밀한 이들조차 항상 느끼는 기묘한 내적 만족감, 진정으로 안타깝고 측은하다 해도 어쩔 수 없이 찾아드는 감정"을 경험한다.[19]

우리는 샤덴프로이데의 시대에 살면서 이 감정이 우

리를 잘못된 길로 이끌까 봐 두려워하고 있는지도 모른다. 하지만 모든 감정이 그렇듯, 샤덴프로이데를 비난하는 것만이 능사가 아니다. 지탄받아온 이 감정이 우리에게 도움이 되는 면은 없는지, 우리가 자신이나 타인과 맺고 있는 관계에 대해 말해주는 바는 무엇인지 새로운 시각으로 바라봐야 한다.

결코 사소하지 않은 감정

- 카지노 거물이 (곧 팔 예정이었던) 4840만 달러짜리 피카소 그림을 팔꿈치로 뚫어버렸을 때.
- 전 애인의 변덕스러운 약혼자가 다른 사람과 결혼한다는 사실을 알았을 때.
- 말 등에 올라타 요가를 하던 사람이 떨어질 때.

나는 이 책을 쓰는 동안 고양이가 담 위에서 떨어지는 영상을 지나칠 정도로 많이 봤고, 인터넷을 구석구석 원 없이 돌아다녔다. 동시에 헤아릴 수 없이 많은 논문도 읽었고, 신경과학자, 심리학자, 법학자, 철학자 들을 만났으며, 어느 잡지의 고민 상담가와는 형제간 경쟁에 관해, 친구들과는 시기심에 관해, 한 심리학자와는 킬킬거리는 아기들에 관해 논하기도 했다. 그 결과, 샤덴프로이데가 우리 삶에서 차지하고 있는 부분이 내 생각보다 훨씬 더 크다는 사실을 알았다.

이 책은 각기 금기의 즐거움을 가진 여러 종류의 샤덴프로이데를 탐구한다. 우스꽝스러운 사고를 보고 느끼는 경박한 흥분에서부터 범죄자가 법의 심판을 받을 때 느껴지는 만족감까지, 너무 잘나가는 친구가 휘청거릴 때의 은밀한 안도감에서부터 정적政敵이 제 무덤을 파고 있을 때의 엄청난 희열에 이르기까지 샤덴프로이데의 여러 측면을 다룰 것이다. 그리고 끝 무렵에 '내가 이렇게 샤덴프로이데를 많이 느끼는 인간이었나' 하고 경악하게 된다면, 에필로그로 실어놓은 '샤덴프로이데에 대처하는 우리의 자세'를 참고하기 바란다. 수치스러운 샤덴프로이데를 감당하고, 자신이 남에게 샤덴프로이데의 대상이 되었을 때 대처하는 아주 중요한 방법을 알 수 있을 것이다.

이 책은 우리가 어떤 감정을 느끼고 어떤 감정을 피해

야 하는가 하는 의문에서 출발한 것이 아니다. 나는 왜 우리가 남의 불행을 즐거워하는지, 그리고 그런 경험을 할 때 어떤 느낌이 드는지 알고 싶었다.

　이 책을 쓰면서, 처음에는 사소해 보였던 부분이 내 삶을 전체적으로 아우르고 있다는 사실을 알았다. 주변적이거나 대수롭지 않아 보였던 것이 우리가 자신이나 타인과 관계를 맺는 방식에 큰 영향을 미치고 있었다. 샤덴프로이데는 반사회적인 감정처럼 보일지 몰라도, 스포츠에서부터 가십에 이르기까지 중요한 공동체 의례들에 빠질 수 없는 한 부분을 차지하고 있다. 샤덴프로이데는 염세적인 감정으로 보일지 몰라도, 정의와 공정함을 추구하는 본능, 위계질서를 구축하고 그 안에서 높은 지위를 차지하려는 욕구, 우리의 안전을 약속하는 집단에 속하려 하고 그것을 지키고자 하는 갈망 등 우리 삶의 명백히 인간적인 부분들에 얽혀 있다. 샤덴프로이데는 거만하고 품위 떨어지는 감정처럼 보일지 몰라도, 좀처럼 종잡을 수 없는 세상에서 우리 뜻대로 인생을 주도하고 있는 척해봐야 부질없음을 이해하려는 우리의 욕구를 증명해주기도 한다. 샤덴프로이데는 소외와 분열을 부추기는 감정처럼 보일지 몰라도 거기에는, 혼자 실의에 빠지기보다는 나처럼 다른 사람들도 실패할 수 있다는 사실에서 위안을 얻으려 하는 우리의 욕구가 담겨 있다.

짓궂고 고약하며 비열한 샤덴프로이데는 분명 칭찬받을 만한 일은 아니다. 하지만 현대 사회에서의 우리 삶을 제대로 이해하려면 이 결점을 인정하고 용감히 맞서야 한다.

1장

남의 실수가
제일 재밌어

실수 동영상과
샤덴프로이데

✘ 나무 치료 전문가가 자기가 앉아 있는 가지를 톱질한다.

✘ 목사와 함께 차를 마시던 신도의 바지가 내려간다.

✘ 카드로 집을 만들던 여자가 마지막 카드를 올리다가
  재채기를 한다.

둘째 아이를 낳고 몇 주 지났을 때, 잠을 제대로 못 잔
탓에 머리가 멍해서 잠깐 잠든 아기와 함께 소파에 누워
있는데 페이스북에 한 동영상이 올라왔다. '꽁꽁 얼어붙
은 수영장으로 뛰어드는 남자'. 이미 400만 회가 넘는 조

회 수를 기록하고 있었다. 나는 영상을 틀어보았다.

독일인지 리투아니아인지 모를 어딘가의 뒷마당. 안개가 자욱이 끼어 있다. 큼직한 바위들과 전나무 몇 그루가 어우러진 정원에 짧은 나무다리가 수영장으로 이어져 있고, 물은 너무 차가워서 군데군데 성에가 끼어 있는 것처럼 보인다. 20대 초반의 근육질 남자가 몸에 딱 붙는 검은색 수영복을 입고 바위에 맨발로 서서 가슴을 끌어안은 채 벌벌 떨고 있다. 물속으로 뛰어들 마음의 준비를 하고 있는 것처럼. 그러다가 카메라로 고개를 돌리고 무릎을 꿇더니 집게손가락과 새끼손가락을 펴고 그 사이의 손가락들을 접어 헤비메탈식 인사를 하고는 독일어와 영어를 섞은 듯한 갱스터 랩을 열심히 선보인 다음, 나무다리를 달려 물로 몸을 던진다. 하지만 물은 없다. 두툼하고 딱딱한 얼음뿐. 그는 엉덩방아를 쾅 찧고 얼음판 위로 쭉 미끄러진다.

나는 품에 안겨 있는 아기가 깰까 봐 터져나오는 웃음을 꾹 참고, 몸을 마구 떨며 콧바람을 불어댔다. 누가 봤다면 괴상한 발작이라도 일으키는 줄 알았을 것이다. 숨죽여 웃느라 몸이 다 아플 지경이었지만 상관없었다. 나는 그 동영상을 보고 또 보았다. '꽁꽁 얼어붙은 수영장으로 뛰어드는 남자'가 내게 큰 희열을 주었다.

나는 더 많은 영상을 찾아 인터넷을 돌아다니기 시작했다. '실수 동영상', '폭망 동영상', '폭망 동영상 베스트', '얼굴 처박기', '웃긴 실수'를 검색하며. 그중 제일 재미있는 영상 모음은 10분 정도 길이였다. 트램펄린에서 방방 뛰다가 밖으로 튕겨 나가는 운동광들, 결혼 서약을 하다가 방귀를 뀌는 신랑, 뒤로 휘청거리다가 소파에 풀썩 주저앉는 매력적인 방송인, 그리고 걸으면서 문자를 보내다가 쇼핑몰 가판대나 버스 정류장에 부딪히는 사람들의 모습이 잡힌 보안 카메라 영상. 나는 '형편없는 운전자', '스프레이 선탠 참사', '그거 하나 똑바로 못 해!' 같은 소제목들에 익숙해졌다. 낮과 밤도 잘 구분되지 않던 기묘한 몇 주 동안 이 동영상들은 나의 비밀이자 구세주였다.

실수 동영상과 슬랩스틱 코미디는 엄연히 다르다. 어떤 밤에는 더 수준 높고 교양 있는 걸 보겠다고 슬랩스틱을 찾아서 보기도 했다. 무성 영화 시대의 아름답고 진지한 배우 버스터 키튼은 역시 최고였다. 그가 폭풍우에 쓰러지는 건물들을 요리조리 잘 피해 다니다가 날아오는 판지 상자에 맞아 나가떨어질 때는 감탄의 한숨이 흘러나왔다. 희극영화의 명콤비 로럴과 하디Laurel and Hardy가 몇 시간이나 걸려 계단 위까지 끌고 올라간 피아노가 도로 쿠당탕 떨어지는 장면에서는 코웃음이 나왔다. 〈사랑은 비를 타고〉의 '그들을 웃겨봐Make 'em Laugh' 장면을 반복 재생하면서, 기계처럼 정확히 엉덩방아를 찧고 뒤로 공중제비를 넘는 배우의 연기에 혀를 내둘렀다.

하지만 이런 것들은 각본이 정해진 연기다. 아주 귀한 장식품을 떨어뜨리거나 타조에게 위협당하거나 벌떼에 쫓기는 사람들을 보며 느끼는 저속한 스릴에 비할 바가 못 된다. 남의 우스꽝스러운 실수야말로 봐도 봐도 질리지가 않았다. 더 크고 더 재미있는 실수에 갈증이 날 정도였다.

동영상 밑에 달린 댓글들을 읽어보니 사람들은 영상 속 실수의 진위 여부에 민감했다. 문제의 인물이 카메라를 힐끔 쳐다보지는 않는지, 미리 준비된 상태는 아니었는지 매의 눈으로 관찰했다. 설정의 기미가 조금만 보여도, 인기와 돈을 욕심내 영상을 만든 사람뿐만 아니라 그 영상을 보고 속아넘어간 사람들까지 조롱했다. 실수 감정

가들은 타인이 정말 고통스러운 일을 겪었다는 사실보다
는 예상치 못한 사고를 당했다는 데 흥분했다. 누군가가
불시에 당해야 제맛인 것이다.

인간의 웃음

실수 동영상은 샤덴프로이데 시대의 문화적 정점이
라 할 수 있다. 그 인기가 얼마나 대단한지 짚고 넘어가야
겠다. 세계 지도자들과 하버드대학 교수들이 교육, 리더
십, 창의성에 관해 고무적인 메시지를 전하는 TED 강연
의 최다 조회 수는 현재 3000만 회 정도 된다. 한 아버지
가 걸음마를 시작한 딸에게 성기를 차이는 영상은 (지금까
지) 전세계 2억 5600만 명 넘는 사람들이 감상했다. 이런
수치에 왠지 맥이 빠지는 사람도 있을 것이다.

하지만 이런 재미는 새로운 것도 아니고, 인터넷이 만
들어낸 발명품도 아니다. 이전에는 〈걸려들었다〉*와 〈아

---

* 〈You've Been Framed〉. 시청자들이 유머러스하거나 아찔한 순간을 찍어 보낸 동
영상을 방송하는 영국 프로그램.

메리카 퍼니스트 홈 비디오America's Funniest Home Videos〉같은 프로그램들이 있었다. 홈 비디오 전에는 편지와 일기, 짓궂은 장난이 있었다. 3세기에 로마의 엘라가발루스 황제는 공기를 넣어 부풀린 의자에 손님을 앉혔다가 공기를 빼버려서 손님을 테이블 밑으로 떨어뜨리는 장난을 즐겼다.[1] 기원전 15세기의 어느 고대 이집트 무덤에는 한 조각가가 동료의 발에 나무망치를 떨어뜨리는 모습이 묘사되어 있다.[2]

많은 문화권이 그들만의 슬랩스틱 전통을 갖고 있다. 펀치와 주디*가 있고, 광대들(광대를 뜻하는 영어 '클라운clown'이 스칸디나비아에서 유래했다는 설도 있다. 아이슬란드어 '클륀니klunni'와 스웨덴어 '클룬스kluns'는 실수를 잘하는 어설픈 사람을 의미한다)이 있으며, 터키의 카라괴즈도 있다. 카라괴즈는 말도 안 되게 폭력적이고 허풍을 잘 떠는 그림자극 인형으로, 한 이야기에서는 싸우고 있는 두 사람을 말리겠다고 엄청나게 큰 물뿌리개로 그들의 머리를 때리려다가 너무 세게 휘두르는 바람에 자기가 나가떨어지

---

* Punch and Judy. 영국 꼭두각시 인형극의 주인공들.

고 만다.

2011년 옥스퍼드대학의 진화심리학자들은 웃음과 통증 저항력의 관계를 연구하다가 한 가지 특이한 사실을 발견했다.[3] 사람들이 오직 슬랩스틱을 볼 때만 숨이 넘어갈 정도로 웃는다는 것이었다. 연구진은 피실험자들에게 시트콤, 스탠드업 코미디, 만화 등에서 따온 짧은 장면들을 연이어 보여주었다(그리고 연구진이 생각하기에 가장 따분한 영상도 보여줬는데, 선수들에게는 미안하지만 골프 경기 영상이었다). 그중 진짜 포복절도를 유발한 것은 유치한 사고뭉치 미스터 빈이었다. 이 실험을 통해 연구진은 오직 인간만이 숨도 제대로 못 쉬고 배가 아플 정도로 폭소를 터뜨리는 듯 보이며, 여러 명이 함께 있을 때 더 격하게 웃는 경향이 있다는 흥미로운 결론을 내렸다(그래서 텔레비전 프로그램에서 효과음으로 사용되는 녹음된 웃음소리는 전염 효과가 있다). 이런 폭소는 다른 종류의 웃음은 줄 수 없는 가벼운 도취감을 만들어낸다. 그리고 실험 결과에 따르면 통증 감도를 10퍼센트까지 줄여준다고 한다.

타인의 고통을 보고 웃으면 우리 자신의 고통이 줄어들지 몰라도, 많은 문화권에서는 무절제한 폭소를 꺼리는 경향이 있는데, 이는 연민의 미덕이 부족해 보인다는 이유 때문만은 아니다. 어떤 사람들은 시끄럽게 깔깔거리며 웃는 행위가 상스럽다며, 절제라는 걸 모르는 무지한 하층 계급과 연결시켰다. 예를 들어, 17세기 네덜란드의 회화를 보면 농민들은 썩은 이와 실 같은 침이 다 보이도록 입을 벌리고 웃는 반면, 귀족들은 입을 꾹 다물고 있다. 16세기 초반 인도 서부에서도 웃는 방식과 계급을 비슷하게 연관시켰다. 산스크리트 시인 바누다타Bhanudatta는 「라사 강Rasatarangani」이라는 시에서 희극을 감상하는 관객의 반응을 비교한다.[4] 상류 계급은 피식 웃고, 중간 계급은 빙그레 웃으며, 하층 계급은 눈물까지 줄줄 흘리며 시원하게 웃어 젖힌다. 일부 문화권에서 폭소는 혐오스러울 뿐만 아니라 대단히 위험한 것으로 여겨진다. 중앙 오스트레일리아에 있는 유엔두무 마을의 왈피리족은 모든 감정의 근원이 배 속이라고 믿기 때문에, 남의 사고를 보고 배가 아플 정도로 웃으면 감정에 탈이 난다고 생각한다.[5]

이렇듯 몇몇 문화권에서는 폭소를 경계하는 분위기가 있을지도 모르지만, 옥스퍼드대학의 과학자들은 연구 결과에 근거해 이런 유의 웃음이 인간의 생존에 결정적인 역할을 했다는 대담한 주장을 펼쳤다. 머나먼 선사시대부터 우리 선조들은 남이 넘어지거나 나무망치에 머리를 맞으면 배꼽을 잡고 웃었을 것이다. 그렇게 남의 불운을 즐거워하면서 힘든 몸을 달래고 소속 집단 내에서 유대감을 쌓았으며 동시에 생존력도 높아졌다. 만일 이런 반응이 우리에게 내재한 본성이라면 그것은 얼마나 어려서부터 시작될까?

무정한 아기들

나는 골드스미스런던대학의 한 실험실에서 검은 커튼이 쳐진 작은 정육면체 공간 안에 앉아 있었다. 의자가 두 개였다. 그중 하나는 내 자리였고, 아이용 보조 좌판이 붙어 있는 다른 의자는 당시 9개월이던 내 아기 E의 자리였다. 커튼 여기저기에 설치된 카메라들이 우리를 향해 있었다. 그리고 우리 앞에는 캐스파 애디먼Caspar Addyman 박사가 앉아 있었다. 딸랑이를 흔들면서.

캐스파는 발달심리학자로, 무엇이 아기들을 웃게 만

들고 그 이유는 무엇인지 이해하기 위한 '아기 웃음 프로젝트Baby Laughter Project'를 시작했다. 대단히 매력적이고 기발하게 들리지 않는가. 머리를 새파랗게 염색한 캐스파는 하루종일 아기를 웃기는 것이 일인 사람답게 느긋하니 상냥한 분위기를 풍긴다. 하지만 그는 웃음 자체뿐만 아니라 우리가 배우고 생존하고 유대감을 형성하는 방법을 이해하려면 웃음이 시작되는 원점을 연구하는 일이 아주 중요하다고 믿는다.

우리는 그의 실험 중 하나에 착수하고 있었다. 캐스파가 입술을 부르르 떨고 내가 간질이자 E는 킥킥거렸다. 아주 즐거운 분위기였다.

"아기들도 샤덴프로이데를 느끼나요?" 나는 내 무릎에 앉아 양말로 만든 공룡 인형을 초롱초롱한 눈으로 보며 활짝 웃고 있는 토실토실한 E를 조금 불안하게 힐끔쳐다보며 물었다.

"뭐, 프로이트는 그렇게 생각했죠." 캐스파는 이렇게 말하고는 얼굴을 찌푸렸다.

프로이트는 『농담과 무의식의 관계』에서 아이들에게는 사실상 유머 감각이 없다고 주장했다.[6] 그 대신 어쩌다

한 번씩 어른보다 자기가 우월하게 느껴지는 순간에 흡족함과 승리감을 즐긴다고 했다. 프로이트는 이렇게 썼다. "아이는 우월감이나 샤덴프로이데를 느낄 때 웃는다. '너는 넘어졌지만 나는 아니야'라면서. 순수한 쾌락에서 우러나오는 웃음이다." 프로이트에게 쾌락이란 모든 욕구가 충족된 상태를 뜻하지만, 그중에서도 가장 큰 쾌락은 남들, 특히 자기에게 권력을 행사하는 타인을 제압하고 이기려는 욕구가 충족될 때 찾아온다.

"끔찍하죠." 캐스파가 말했다. "참 프로이트다운 생각이에요. 내가 보기엔 완전히 틀렸어요."

나는 나와 내 남편이 발음을 잘못하거나 친구의 이름을 헷갈릴 때마다 우리 세 살배기 아이가 어찌나 신나게 웃는지를 지적했다. 가끔 우리는 아이가 즐겁게 우리를 비웃을 수 있도록 일부러 실수를 하기도 한다. 취학 전의 아이를 가진 부모라면 대부분 공감할 것이다(우리 부부만 그런 건 아니겠지?). 캐스파는 아이들이 그런 쾌락을 느낄지도 모른다고 동의하면서도 프로이트가 주장하는 그런 이유 때문은 아니라고 말했다. "아이들은 자기의 한계를 잘 몰라요. (…) 그러니까 프로이트가 말한 것처럼 실패에 예민하게 굴 리가 없죠."

캐스파가 컴퓨터를 열어, 부모들과 양육자들이 아기의 웃음과 관련하여 답한 내용을 토대로 작성한 두 개의 그래프를 보여주었다. '아기들이 자기가 넘어졌을 때 웃는 빈도는?'이라는 질문에 압도적인 대다수의 부모들은 '자주' 혹은 '매우 자주'라고 답했다. '다른 사람이 넘어졌을 때 아기들이 웃는 빈도는?'이라는 질문에는 만장일치의 답이 나왔다. '전혀 웃지 않는다.'

일리 있는 결과다. 아기들은 다른 아이가 넘어져서 다치고 우는 모습이 무섭게 느껴질 것이다. 다친 사람이 자기를 돌봐주는 이라면 말할 것도 없다.

하지만 캐스파는 아기들이 남의 실수에 웃지 않는 것은 그저 두려워서가 아니라 도덕성이 있기 때문이라고 생각한다. "아기에게는 도덕관념이 없고 그래서 옳고 그름을 가르쳐줘야 한다는 게 지금까지의 통념이었죠. 하지만 아기들도 공정성에 대한 감각이 있고 공감 능력이 높아요. 누군가가 다치면 그걸 보고 걱정할 줄 알죠."

하지만 덜 극적인 실수라면 어떨까? 나는 캐스파에게 내 친구의 이야기를 들려주었다. 그 친구는 예전에 한

번 아기를 즐겁게 해주려고 저글링을 시도한 적이 있었다. 그 현란한 색깔과 움직임을 좋아할 거라 생각하면서. 아기는 계속 심드렁한 반응을 보이다가 내 친구가 실수로 떨어뜨린 공들이 바닥에 통통 튀자 당장에 공들을 뒤쫓아 가기 시작했다. 아기는 굉장히 즐거워하면서 꺄악꺄악 웃어댔다(무정한 녀석 같으니). 아기들이 실제로 넘어지는 어른을 보고 즐거워하지는 않더라도 어쩌다 실수하는 어른을 보면 어떨까?

캐스파는 빙긋 웃으면서, 시어터 이올로Theatr Iolo에서 영유아를 위한 연극을 만드는 연출가 세라 아전트에 대해 얘기해주었다. "세라가 말하기를, 연기자가 실수로 뭔가를 떨어뜨리기만 하면 백발백중 모든 아기들이 웃는다고 하더군요. 그걸 싫어하는 아기는 한 명도 없답니다."

아이들이 크면 더 심각한 피해를 즐기기 시작한다(3장에서 더 이야기할 것이다). 하지만 프로이트의 생각대로 아기들이 우월감을 느껴서 웃는 것이 아니라면, 아기들이 어른의 무능함을 그토록 재미있어하는 이유는 뭘까? 캐스파는 웃음이 흥미로운 것은 배움과 연결되어 있기 때문이며, 아기들이 웃는 것은 대부분 놀라운 일이 일어났을 때라고 말했다. 까꿍 놀이나 갑자기 거꾸로 뒤집히는 물건들을 통해 세상을 배우는 것이다. 어른들도 마찬가지지만 아기들의 웃음은 세상을 새로운 눈으로 보기 시작했다는 신호다.

예기치 않은 사고

- 멋진 남자가 의자에 앉아서 뒤로 흔들흔들하다가 의자와 함께 뒤로 넘어가버린다.
- 혼잡한 술집에서 바텐더가 술잔들을 떨어뜨린다.
- BBC 라디오 4의 프로그램 〈투데이〉의 진행자 제임스 노티는 다음 출연자인 당시 문화부 장관 제러미 헌트 Jeremy Hunt 를 실수로 제러미 컨트*로 소개한 다음 숨이 넘어갈 듯 킥킥거리면서 아침 뉴스를 전달했다. 중간에 한 번 재채기가 난 척해서 더 큰 웃음을 유발했다.

---

* cunt. 여성의 성기를 뜻하는 비속어.

배수관이 터져 물이 15미터까지 치솟는다. 밀가루 포대의 솔기가 터진다. 핸드브레이크를 풀어놓은 텅 빈 차가 뒤로 굴러가 가로등 기둥을 박는다. 사회학자 로제 카이와Roger Caillois는 파멸적인 상황을 목격할 때 우리가 느끼는 광적인 흥분에 대해 잘 알았다. 로제는 이 감정을 소용돌이라는 뜻의 그리스어 '일링크스Ilinx'라 부르고, 그 혼미한 상태가 신비적인 황홀경에서 비롯되는 도취감과 유사하다 여겼다.[7] 반달리즘에 관한 연구들에 따르면, 예측 불허한 상황일수록 이런 쾌감은 더욱 강해진다.

비욘세의 〈홀드 업Hold Up〉 뮤직비디오를 생각해보라. 비욘세가 방긋 웃는 얼굴로 거리를 걸으며 야구 방망이를 가볍게 흔들어대다가 갑자기 어떤 차의 창문을 박살내버린다.

인간의 뇌는 많은 상황을 예측할 수 있으며, 그렇지 않으면 우리는 금세 쩔쩔매게 될 것이다. 우리는 패턴을 찾고, 세상 사람들이 어떻게 행동할지 예상하는 법을 배운다. 그래서 예상외로 높은 도보변 연석이나 방치되어 있는 정원 갈퀴, 물웅덩이처럼 보이는 맨홀 때문에 깜짝 놀랄 때 아찔한 기분을 느끼게 된다. 사소한 사고는 해방감과 안정감을 주기도 한다. 끊임없이 우리에게 좌절감을 안겨주는 세상에 사는 부조리함을 다시금 깨닫게 해준다. 일본에는 하이쿠*의 희극적인 형태라 할 수 있는 센류川柳라는 정형시가 있다. 여기에 소개할 18세기의 간결한 작품은 모든 걸 자기 뜻대로 통제할 수 있다는 헛된 환상의 부질없음을 짓궂게 조롱하고 있다.

> 우스꽝스럽게도
> 회오리바람 속에
> 우산을 강탈당했네[8]

앙리 베르그송은 『웃음』이라는 수필에서 이렇게 썼다. "어떤 상황에 처한 어떤 인물들을 상상해보라. 상황을 반전시키고 역할을 뒤집으면 희극적인 장면이 만들어진다."[9] 갑작스러운 지위 추락이 바로 그런 반전이다. 자신만만하고 기품 있어 보이던 사람이 갑자기 갈팡질팡하는 모습을 보이는 식이다. 이런 장면을 상상해보자. 한 방

---

* 俳句. 5·7·5의 17음 형식으로 이루어진 일본 고유의 단시.

송 진행자가 큼직한 물고기를 한 마리 들고 배에 서서 진지하고 어른스러운 말투로 환경 문제를 이야기하고 있다. 얌전히 있던 물고기가 갑자기 파닥거린다. 진행자는 비명을 지르며 물고기를 떨어뜨리고 물고기는 퍼덕이며 배 위를 온통 쓸고 다닌다. 진행자는 겁에 질려 뒤에 있는 낚시꾼의 품속으로 뛰어들려고 한다.

우리는 갑작스럽게 밀려드는 감정 때문에 깜짝 놀라서 바보 같은 모습을 보이기도 한다(17세기와 18세기에 'surprize'라는 단어는 강렬한 감정에 사로잡힌다는 의미였다). 예를 들어, 우리가 창피할 때 하는 말이나 행동이 남에게 큰 재미를 주기도 한다.『소전기집Brief Lives』의 저자인 영국의 철학자 존 오브리John Aubrey가 들려주는 다음 이야기를 보자.

옥스퍼드 백작은 엘리자베스 여왕에게 허리 굽혀 절하다가 "실수로 방귀를 뀌었고, 너무나 당혹스럽고 수치스러웠던" 그는 7년 동안 망명 생활을 했다. 그가 돌아오자 여왕은 그를 반갑게 맞으며 말했다. "백작, 그대의 방귀는 이미 잊었소." 10

BBC 온라인 뉴스에 구독자가 보낸 끔찍한 데이트 사연은 또 어떤가.

중국 식당에서 기분 좋게 식사를 마친 후 돌아가는 길에 앨드워스의 어느 한적한 시골길에 차를 세웠다. 그때, 위胃에 들어 있던 음식물이 갑자기 장으로 한 번에 쑥 내려가는 것이 느껴졌다. 더는 버틸 수가 없었다. 하지만 화장실을 찾아야겠다는 말을 차마 하지 못하고 말벌에게 엉덩이를 쏘인 척하면서 차에서 뛰쳐나가 범퍼 근처에 쪼그리고 앉았다.

일을 볼 때 소리를 감추려고 요란스럽게 기침을 해댔다. 뒤를 닦을 만한 걸 찾는 동안 차 안에서 데이트 상대가 괜찮은지 묻는 소리가 들렸고, 나는 '물린 상처'의 상태를 계속 생중계해주면서 밖에 말벌들이 더 있으니 절대 밖으로 나오지 말라고 했다.

위기를 잘 넘겼다고 안도하며 마침내 일어나 청바지를 제대로 입고 차 안으로 들어가 앉자마자, 내 악몽은 아직 끝나지 않았고 오히려 상황이 더 나빠지리라는 걸 깨달았다. 청바지의 엉덩이 쪽에 똥이 묻어 참을 수 없는 악취가 풍긴 것이다.

내가 소스라치자 데이트 상대는 웃음을 터뜨리며 차 밖으로 뛰쳐나갔다. 하지만 그녀의 웃음도 오래가지 않았다. 나를 도와주려고 차 뒤쪽으로 돌아오다가 내가 싸놓은 똥을 정통으로 밟아버린 것이다.

그 후 다시는 그녀를 보지 못했다. [11]

사람들이 창피해할 때 보이는 행동이 재미있다면, 모욕당한 사람의 행동은 어떨까? 모욕당한 피해자의 위신이 떨어지고 상황의 반전이 일어나는 것은 상대에게 들은 말 자체 때문만은 아니다. 모욕적인 언사를 당하면 처음엔 당황해서 말문이 막혔다가 잠시 후에는 완벽한 응수를 찾는 데 집착하게 된다. 논쟁적인 기사에 사람들이 댓글을 남길 때 바로 이런 현상이 일어나는 것 같다. 댓글들을 쭉 읽어 내려가다 보면 어떤 고약한 악플러가 남겨놓은 쓰레기 같은 말이 곧 눈에 띄고, 그러면 소수의 사람들은 현명하게 무시해버리지 못하고 열불을 내면서 오래전 떠나버린 악플러에게 소논문만큼 길고도 복잡한 답변을 던진다(심지어 주석까지 달아놓는 사람도 있다).

돌발적인 강렬한 감정에 혼자 날뛰고 흥분하는 이런 사람들을 보며 낄낄거리는 샤덴프로이데가 사디즘으로 변하는 지점이 있을까? 예를 들어, 정말로 두려움에 떠는 누군가를 보며 즐긴다면? 2016년, 유튜브 채널 트롤스테이션Trollstation은 영국국립초상화미술관에서 무섭고 위험한 강도 사건을 거짓으로 꾸몄다. 이전에도 그 브이로거* 들은 가짜 폭탄이나 가짜 염산 테러 같은 극단적인 '테러 장난'을 연출해 사람들의 클릭을 노리며 인터넷에 영상을 올렸다. 국립초상화미술관에서의 장난으로 이들이 감옥에 갇혔을 때 판사는 범행 목적에 "피해자들의 겁에 질린 반응을 인터넷에 올려 창피를 주려는" 의도도 있었다고 말했다. 잘 먹히기는 했다. 영상은 거의 100만 회의 조회수를 올렸다. 화가 나서 팔을 마구 휘두르고 얼굴을 흉하게 찡그리는 사람들을 (안전한 거리에서!) 구경하는 재미는 쏠쏠할지 몰라도, 진짜 두려움이나 고통에 휩싸인 사람을 보는 건 훨씬 덜 재미있다. 그렇다면 그 선을 어디에 그을지 어떻게 알 수 있을까?

---

* vlogger. 비디오와 블로거의 합성어로, 유튜브 등의 동영상 플랫폼에서 개인 방송을 하며 1인 미디어를 운영하는 사람들이다.

대부분의 실수 동영상은 그 사람이 얼마나 심하게 다쳤을까 하는 걱정이 들기 전에 끊어지거나, 마지막에 사람들이 기분 좋게 웃음을 터뜨리는 장면으로 우리를 안심시켜준다. '꽁꽁 얼어붙은 수영장으로 뛰어드는 남자'가 후자에 속한다. 하지만 '포도 아가씨Grape Lady'처럼 카메라가 지나치게 오래 돌아가는 영상도 있다. '포도 아가씨'는 한 기자가 텔레비전 생방송에서 애틀랜타주의 포도 밟기 축제 주최자를 인터뷰하는 영상이다. 기자와 주최자 모두 바지를 걷어올리고 포도 통 안에 들어가서 맨발로 포도를 짓밟는다. 이 상황 자체만으로도 우스운데, 기자가 균형을 잃고 무대에서 떨어지고 만다.

'포도 아가씨'는 확실히 웃겼다. 기자가 아프다고, 다리가 다쳤다고 미친 듯 울부짖는 소리가 들리기 전까지는. 잔뜩 겁에 질린 듯 나약한 소리였다. 그 순간, 샤덴프로이데는 식어버리고 나는 부끄러워졌다.

하지만 '포도 아가씨' 영상은 거의 1900만 회의 조회수를 기록했다. 동영상의 댓글 게시판에 어떤 사람은 "이해가 안 된다"라고 썼다. "이 영상의 어디가 재미있다는 건지 도무지 모르겠다"라는 댓글도 있었다. 어떤 사람은

"세대 차이인가?"라고 물었다. 또 어떤 사람은 이렇게 썼다. "당신들 다 사이코패스 아니야?!?!?!?!?!?!?!?!"

　당혹스러움과 혐오감을 표한 댓글들 사이에 단 하나 비난의 글이 달려 있었다. "다들 자기가 더 잘난 인간처럼 느껴지겠지."

2장

라이벌의
짜릿한 실패

스 포 츠 와
샤 덴 프 로 이 데

🐦 운동회에서 늘 나를 이기는 아이가 오줌을 싸서 집에
돌아가야 할 때.

🐦 포켓볼 게임에서 강적이 흰 공을 다른 공 위로 넘기려
는데 큐가 미끄러질 때.

🐦 주말 농장에서 가장 큰 호박을 키우는 사람이 대형마
트에서 호박을 샀다는 사실이 발각됐을 때.

🐦 완벽한 이웃의 완벽하게 손질된 반려견이 똥 속에서
뒹굴다가 그들 차의 앞좌석으로 뛰어오를 때.

🐦 고상한 클래식 음악만 듣는다고 늘 자랑하던 직장 동

료가 크리스마스 파티에서 아이팟에 저장되어 있는 음
악을 틀었는데 그가 직접 불러 녹음한 대중가요가 흘
러나올 때.

롤러더비roller derby는 여성 아마추어팀들이 롤러스케이
트를 신고 과격한 몸싸움을 벌이며 트랙을 달리는 스포츠
다. 미국에서 롤러스케이팅이 크게 유행하던 1930년대에
시작되어, 진짜 시합과 연출이 섞인 오락성 스포츠로 발
전했다.

이윽고 2000년대에는 공연의 성격을 제거하고 DIY,
펑크, 라이엇 걸* 등의 요소를 가미해 진정한 스포츠로 거
듭났다. 현재 전세계에서 무려 1000개 이상의 리그가 운
영되고 있다. 또한 스포츠 오락다운 멋이라 할 수 있는 경
기 전의 현란한 기술 과시, 반짝이는 금속 장식을 붙인 화
려한 타이츠와 레깅스, 시끄러운 음악과 디스코 조명, 페
이스 페인팅과 가명, 으스대는 동작과 건방진 말투는 여
전히 유지되고 있다.

---

* riot grrrl. 1990년대에 시작된 페미니스트 펑크록 장르.

롤러더비는 극도로 위험한 스포츠이기도 하다. 각각 다섯 명으로 이루어진 두 팀이 스케이트를 타고 타원형 트랙을 엄청난 속도로 돌면서 자기 팀의 '재머*'가 상대 팀을 추월할 수 있도록 서로를 거칠게 밀친다. 어깨 위나 허벅지 중간 아래를 때리는 건 반칙이다. 하지만 허용되는 공격도 꽤 폭력적이다. 선수들이 넘어져서 트랙에 큰 대자로 뻗거나 관중석으로 휙 날아가기도 한다. 선수들끼리 연쇄 충돌 사고가 일어나서 피가 튀고 멍이 들고 뇌진탕을 입는 건 예삿일이다.

경기를 보러 간 날 밤, '우리' 팀이 지고 있을 때 상대 팀의 스타 선수가 넘어졌다. 그 선수가 들것에 실려 나갈 때 관중은 휘파람을 불고 박수를 쳤다. 그녀의 부상은 나약함이 아니라 용기의 상징이었다. 미지근한 맥주가 든 플라스틱 컵을 꼭 쥐고서 나도 그녀를 격려하고 용기를 인정하는 뜻에서 환호를 보냈다. 하지만 거짓말은 하지 않겠다. 이렇게 훈훈한 동지애가 진동하던 순간 갑자기 기대감이 올라가며 맥박이 빨라졌다. 그 선수의 고통은

---

* Jammer. 상대 팀 선수를 한 바퀴 이상 앞서서 득점하는 선수.

우리 팀에게는 이득이었다.

타락한 사람들

- 🌙 사촌이 어쩌다 치과의사의 콧물을 삼켰을 때.
- 🌙 룸메이트가 달걀노른자 푼 물을 오렌지주스로 착각하고 마셨을 때.
- 🌙 친구의 친구가 혀가 붓는 바람에 병원에 가서 주사를 맞고 거대한 여드름처럼 혀를 쥐어짜야 했을 때.

패럴리 형제의 1998년 코미디 영화 〈메리에겐 뭔가 특별한 것이 있다〉에서 테드(벤 스틸러 분)는 졸업 파티가 열리는 밤에 아름다운 데이트 상대 메리(캐머런 디아스 분)를 데리러 갔다가 화장실에 들어간다. 그런데 급하게 바지를 끌어올리다가 성기가 세 군데나 지퍼에 끼어버리는 참사가 일어나고 만다.

결국 메리의 계부가 화장실에 억지로 들어왔다가 소스라치게 놀란다. 다음엔 메리의 엄마가 들어오지만 차마

자세히 들여다보지 못한다. 여자의 비명 소리가 들린다는 신고를 받고 출동한 경찰이 머리를 창문으로 쑥 들이밀고는 믿지 못하겠다는 표정을 짓는다. 한 소방관이 도착해서 무전기로 동료들에게 어서 와서 보라고, 카메라를 들고 오라고 전한다. 드디어 우리도 상처를 볼 수 있게 된다. 지퍼의 날카로운 금속 이들 사이로 툭 불거져 나온 연분홍빛 살을.

절로 몸이 움츠러들고 비명이 나오는 순간이다. 수전 손택은 이렇게 썼다. "움찔하지 않고 이미지를 볼 수 있는 데서 얻는 만족감이 있다. 그리고 움찔하면서 느끼는 쾌감도 있다."[1]

사람들은 무시무시한 육체적 곤경에 관한 일화를 함께 나누기를 좋아한다. 잔인하고 지독하고 혐오스러울수록 좋다. 앞 장에서 이야기했듯이, 남의 몸이 예상외의 행동을 보일 때 우리는 아찔한 놀라움을 느낀다. 하지만 이 놀라움에는 약간의 우월감도 있다. 17세기 철학자 토머스 홉스는 남들이 우스꽝스러운 실수를 하면 우리의 지위가 갑자기 상승하는 역학을 설명했다. "웃음은 남들의 결점과 비교해 우월감이 느껴질 때 갑자기 솟아나는 득의감의 표시일 뿐이다." 사람들은 심지어 자신이 현재 이루어내고 있는 성공과 비교해 과거의 '결점'에도 이런 아찔한 우월감을 느끼며 "자신이 과거에 저지른 어리석은 행동을 비웃는다."[2]

샤덴프로이데가 아주 고약한 감정으로 보이는 이유 중 하나는 남의 육체적 고통과 서툰 행동을 보고 우월감을 느낄수록 더 잔인한 구경거리를 찾고픈 유혹이 일어날 수도 있기 때문이다. 이라크에서 인질로 잡힌 사람이 참수당하는 영상이 조회 수를 올리기 위한 미끼로 사용되었다는 이야기는 생각만 해도 몸서리가 쳐진다.

하지만 오래전부터 인간은 죽음을 보고자 하는 욕구가 강했다. 뉴욕의 거리 사진가 위지Weegee 는 1930년대와 1940년대의 범죄 현장 수천 곳을 사진으로 남겼다. 이 사진들 속에는 피범벅이 된 시체들뿐만 아니라 목을 길게 빼고 보면서 지나가는 행인들과 현장 주변을 얼쩡거리면서 구경하는 사람들도 찍혀 있다. 1727년, 시인 조지 고든 바이런의 할아버지이자 해군 장교였던 존 바이런은 산책을 하다가 플리트 강의 하수도 주변에 모여 있는 사람들과 우연히 마주친 일을 일기에 기록했다. "모든 이들이 어젯밤이나 오늘 아침에 떨어져 죽어 있는 어떤 불쌍한 사람을 쳐다보고 있었다."[3] 플라톤이 기원전 4세기에 저술한『국가』에는 방금 처형되어 성벽 밖에 흐트러져 있는 범죄자들의 시체를 빤히 쳐다보고 싶은 욕구와 싸우는 젊은 귀족 레온티우스가 등장한다.[4]

　진화심리학자들은 우리가 처참한 장면에 끌리는 데에는 그럴 만한 이유가 있다고 주장했다. 위험과 그것을 피하는 방법을 이해하기 위해서라는 것이다. 제법 그럴듯하게 들리지만, 이렇게 긍정적인 면만 있는 건 아니다. 많은 시인들과 소설가들이 타인의 고통을 보고 느끼는 우월감에 대해 이야기했다. 예를 들어, 소설가 찰스 매튜린 Charles Maturin은 고딕풍의 환상 소설『방랑자 멜모스Melmoth the Wanderer』에서 다음과 같이 썼다.

　　오싹한 처형이 매일같이 일어나는 나라로 여행을 가서 참혹한 광경이 어김없이 불러일으키는 흥분을 만끽하는 사람들이 있다고 들었다. 고통당하는 자들은 우리보다 열등한 존재로 격하되어 우리에게 승리감을 안겨주며, 고통은 늘 나약함의 증거이기에 우리는 무적이 된 듯 의기양양해

진다.[5]

　거의 2000년 전부터 사람들은 불행한 타인과 비교해서 자신의 운이 더 나아 보일 때 이런 의기양양한 감정이 생긴다고 여겼다. 남아 있는 기록 중에 샤덴프로이데가 묘사된 가장 오래된 문헌은 로마의 철학자이자 시인인 루크레티우스의 『사물의 본성에 관하여De rerum natura』라는 서사시다.

　사실 시 자체는 그리 훌륭하지 않다. 복수심에 불타는 신도 없고, 어쩌다가 자기 어머니와 동침하는 인물도 없고, 그저 물리학만 다루고 있다. 하지만 제2권 「원자의 운동」에서 루크레티우스는 세상사에서 유유히 해방된 자기 같은 철학자들이 돈과 섹스에 안달복달하는 비철학자들을 즐겁게 지켜보는 모습을 묘사한다(재미있게도, 루크레티우스가 우연히 사랑의 묘약을 삼킨 후 끓어오르는 욕정으로 발광하다 죽었다는 설이 있다). 루크레티우스는 자신의 독선적인 철학적 쾌락을 난파 위기에 처한 배를 구경하는 즐거움에 비유한다.

폭풍우가 웅장한 대양의 물을 휘젓는 광경을 땅에서 구경
하고 타인의 혹독한 고생을 지켜보는 것은 얼마나 달콤한
일인가.
다른 누군가의 고통이 즐거워서가 아니라
내가 불운을 면했다는 사실이 기쁘지 아니한가.[6]

부둣가에 서서 위험에 처한 배를 즐겁게 구경하는 사
람이 과연 있을까 싶지만, 루크레티우스의 이 이미지는
몇 대에 걸쳐, 특히 바닷길에 의존하는 문화권에서 반향
을 불러일으켰다. 홉스도 사람들이 거친 파도에 시달리는
배를 지켜보며 느끼는 감정에 관해 쓰지 않았던가. "분명
이 광경에서 얻는 기쁨이 있을 것이다. 그렇지 않으면 사
람들이 그런 구경거리에 몰려들 리 없다."

요한 요아힘 에발트Johann Joachim Ewald의 시 「폭풍우Der
Sturm」는 폭풍을 만난 배 한 척, 갑작스레 캄캄해진 하늘,
울부짖는 바람, 물에 젖은 돛을 극적으로 묘사하며 이 쾌
감을 인정한다.

배는 산산이 부서지는데, 나는…… 내게는 아무 일도 벌어

지지 않았다.

바닷가에서 폭풍우를 지켜보기만 했으니.[7]

　　에드먼드 버크는 파도가 넘실대는 광대한 바다에서 '즐거운 공포감'을 느꼈다.[8] 18세기의 예술 이론가 장바티스트 뒤보스Jean-Baptiste Dubos는 위험에 처한 타인을 보며 인생의 묘미를 느끼고, 무서운 권태감을 막아냈다.

　　나는 조지프 말로드 윌리엄 터너의 1803년작 〈칼레의 부두Calais Pier〉를 통해 간접적으로나마 그런 경험을 할 수 있었다. 비장한 표정의 선원들과 바람에 휩쓸리는 돛을 보고 있자니, 왠지 마음이 포근해지고 조금은 안도감도 들었다.

　　하지만 19세기 중반, 타인이 위험에 처한 광경에 끌리는 이 기묘한 감정에 대한 새로운 해석이 등장했다. 다윈이 자연선택에 의한 진화 이론을 주장한 후, 죽음과 파멸의 장면에 우리가 흥분하는 것은, 좀 더 폭력적이었던 우리의 과거가 남긴 흔적이라고 믿는 사람들이 많아졌다. 심리학자 윌리엄 제임스William James는 1890년에 이렇게 썼다. "진화와 적자생존이 사실이라면, 사냥감과 인간 경쟁자를 죽이는 것은 인간의 가장 중요한 원시적 역할이었을 테고, 싸우고 추적하는 본능이 몸에 깊이 배었을 것이다." 그래서 폭력을 가할 때나 적이 난도질당하거나 죽는 모습을 볼 때 "강렬한 쾌감을 느꼈을 것이다." 그리고 제임스 같은 학자들은 팀 스포츠가 이 오래된 폭력성의 현대적 표현이라 생각했다. "위대한 권투 선수를 호위하는 그 비천한 패거리를 보라. 선수의 영예로운 잔혹함이 자기들에게 옳은 줄 아는 기생충들…… 그들은 고통을 감내하지 않고도 환희를 함께 나눈다!"[10] 마치 본능처럼 우리는 고통당하는 사람들이 우리에게 맞아서 아픈 거라고, 그들의 패배가 곧 우리의 승리라고 착각한다.

우리의 승리보다 기쁜 것

- ✘ 올림픽 승마 경기의 결정적인 순간에 다른 나라의 말이 똥을 쌀 때.
- ✘ 좋아하는 피겨스케이팅 선수의 최대 라이벌이 넘어질 때.

✘ 월드컵에서 브라질이 충격적인 패배로 탈락했을 때 미국인들은 진심으로 통쾌해하며 미친듯이 사진을 올리기 시작했다. 옷을 쫙 빼입고 신나게 즐기고 있는 브라질 사람들, 그다음엔 못 믿겠다는 듯 긴장된 표정을 짓고 있는 브라질 사람들, 마지막에는 눈물을 흘리는 브라질 사람들의 사진을 차례로 올리고는, '그래, 브라질한테는 조금 힘든 날이긴 했지', '안아줄까?' 같은 글을 달았다.

샤덴프로이데가 빠진 스포츠를 상상할 수 있을까? 우리 편이 실축한 공에 상대편 선수가 맞는다면? 상대 팀 선수가 공을 떨어뜨려 우리가 승리한다면? 야구 경기의 관중에 관한 시까지 쓴 윌리엄 칼로스 윌리엄스William Carlos Williams도 잘 알았듯이, 실수를 빼놓고는 스포츠라는 드라마를 논할 수 없다. "추격/ 그리고 모면, 실수/ 번득이는 재능."[11] 물론 선수들 자신은 그런 속 좁은 생각을 하지 않을 것이다(확실한 정보통으로부터 들은 얘기에 따르면, 골프 선수들은 상대 선수가 친 공이 러프로 들어가면 내심 환희를 느낀다고 한다. 무슨 일이 있어도 절대 시인하지 않겠지만 말이다. 누군가 내게 말했다. "골프는 위선자들을 위한 게임"이라고).

선수들과 달리 팬들은 예의에 거의 얽매이지 않는다. 11세기에 처음 등장한 후로 '스포츠sport'라는 단어는 조롱이나 비웃음과 연관되어 사용되었다(한 예로, 'to make sport of someone'은 '누군가를 조롱하다'라는 뜻이다). 우리 편의 실수에는 화가 나지만, 상대편이 실수를 하면 의기양양하게 비웃어준다.

선수들의 실책에 환성을 지르는 것이 대단히 실례인 스포츠도 있다. 윔블던 테니스 대회는 카메라 플래시 사용, 셀카봉 그리고 샤덴프로이데를 금하고 있다. "네트 코드*나 더블 폴트**에 절대 박수를 치지 마시오." 절대! 물론 이 원칙이 항상 지켜지지는 않는다. 2015년 센터 코트에서 영국의 기대주 헤더 왓슨이 세계 1위의 세레나 윌리엄스와 맞붙었을 때 영국 관중은 윌리엄스의 실책에 참지못하고 기쁨의 환성을 짧게 내질렀고, 윌리엄스는 심판에

---

* net cord. 테니스 경기에서 네트 상단을 맞고 상대 코트에 들어간 샷.
** double fault. 테니스 경기에서 서브를 두 번 연속 실패하여 실점하는 것.

게 항의했다. 체조 선수인 아홉 살짜리 딸의 강적이 뒤공중돌기에서 불안하게 착지하자 주먹을 불끈 쥐며 "좋았어!" 하고 숨죽여 소리지르는 부모의 모습은 우리에게 낯설지 않다.

상대 팀의 실수로 인해 우리 팀이 이길 가능성이 커진다면 특히 더 즐겁지 않을까? 실제로 스포츠 팬에 관한 많은 연구에 따르면, 사람들은 우리 편의 성공보다 오히려 최고 라이벌의 실패에 두 배는 더 즐거워한다고 한다. 축구 경기에서 우리 편 선수가 페널티 골로 득점할 때보다 상대편 선수가 실축하는 순간에 팬들이 더 환하게 미소 지었다는 연구를 기억하는가? 이런 현상은 이 밖에도 많이 관찰된다.

2010년 월드컵이 열리는 동안, 축구광이기도 한 네덜란드의 심리학자들 야프 W. 아우베르케르크Jaap W. Ouwerkerk와 빌코 W. 판데이크Wilco W. van Dijk는 심술궂은 버릇이 하나 생겼다.[12] 네덜란드 팀이 아직 탈락하지 않았을 때 그들은 네덜란드 방송으로 경기를 보다가 네덜란드 팀이 유난히 잘하는 날에는 외국 방송으로 돌려 다른 해설자의 찬사를 들으며 희열을 느꼈다. 네덜란드 팀이 탈락하자마자 이 심리학자들은 오랜 숙적인 독일 팀에 주목하기 시작했다. 스페인과 독일이 맞붙은 준결승전에서 경기 종료 몇 분 전 스페인이 결승골을 넣었다. 그들은 흥분해서 리모컨을 붙잡고 독일 채널인 ADR로 돌렸다. 독일 해설자들이 눈앞에 닥친 패배를 이야기할 수밖에 없는 상황을 느긋하게 즐기기 위해서였다.

그들만 이런 행동을 한 것은 아니었다. 후에 밝혀지기를, 그 경기를 독일 방송으로 본 네덜란드인의 수는 독일의 패배가 분명해진 경기 종료 직전에 35만 2000명까지 치솟았다. 한 미디어 분석가는 여기에 '샤덴프로이데 밀도'라는 별명을 붙였다.

우리 팀의 승부와 아무런 상관이 없을 때조차 라이벌이 패배하는 게 이리도 기쁜 이유는 뭘까? 어쩌면 멀리 내다보고, 라이벌 팀의 자신감에 타격이 갈 거라는 기대감이 생겨서일지도 모른다. 어쩌면 우리 팀이 앞서 겪은 치욕스러운 패배를 앙갚음한 것처럼 느낄지도 모른다. 8장에서 이야기하겠지만, 우리 인간들은 개인끼리 싸울 때보다 집단끼리 겨룰 때 경쟁 심리가 훨씬 더 강해진다. 자신이 속한 집단에 끈끈한 동질감을 느낄수록, 경쟁 상대를 한 명의 완전한 인간이 아닌 그저 다른 편을 상징하는 2차원적 존재로 보게 된다. 이는 여러모로 거북한 관점으로, 그 영향은 스포츠보다 훨씬 더 중대한 영역에까지 미치고 있다. 하지만 때때로 스포츠 팬들이 조금은 불쾌하고 은밀한 형태의 샤덴프로이데를 경험하는 이유를 어느 정도 설명해줄지도 모른다. 상대 팀의 에이스 선수가 부상을 당하면 우리도 모르게 가슴이 찌르르할 정도로 행복해지는 것 말이다.

2008년 뉴잉글랜드 패트리어츠의 스타 쿼터백 톰 브래디가 캔자스시티 치프스의 한 선수에게 맞아 심하게 넘어지며 비명을 지르자 패트리어츠 팀의 홈구장인 질레트 스타디움은 충격 어린 정적에 휩싸였다. 하지만 뉴욕의 술집과 가정집에 그런 정적 따위는 없었다. 맨해튼의 한 술집에서 그 경기를 보고 있던 『뉴욕 타임스』 편집장이 전하기를, 브래디가 쓰러졌을 때 "사람들은 기쁨의 환성을 질렀다."[13] 그리고 브래디의 인대 파열이 심해서 한 시즌 내내 못 뛸 거라는 사실이 밝혀지자 인터넷 대화방은 열광의 도가니에 빠졌다.

물론 모두가 그런 분위기에 동참한 것은 아니다. 『뉴

욕 타임스』의 프로미식축구 관련 블로그 피프스 다운Fifth Down에는 다음과 같은 댓글이 달렸다. "어떤 선수가 부상 당할 때 환호성을 지르는 건 그야말로 심보 고약한 짓이 다. 누군가가 다쳐서 고통스러워하고 있는데 일어나서 환 호를 보낸다? 뭔가 잘못돼도 한참 잘못된 행동이다. 솔직 한 감정 표현이니 뭐니 하는 헛소리는 집어치워라. 넘어 서는 안 될 선이라는 게 있다." 좀 더 현실적인 반응도 있 었다. "브래디가 빠지면 패트리어츠 팀을 이겨도 의미가 없잖아…… 스포츠는 최고와 최고가 맞붙을 때야말로 위 대해지는 건데."

하지만 댓글들을 쭉 읽어 내려가다 보니, 그 선수는 부 상을 당해도 싸다며 샤덴프로이데를 변호하는 사람들도 참 많았다. 환호한 팬들은 자기 팀이 이길 수 있다는 가능 성에 도취되어 황홀경에 빠졌다. 하지만 왜 환호했느냐는 질문을 받자 더없이 합리적으로 보이는 이유를 대며 이 쾌감을 정당화했다. 패트리어츠 선수들은 부상당해도 싸 다. 반칙을 많이 하니까. 이전에 정정당당하지 못한 태클 을 걸었으니까. 오래전부터 밉상이었으니까. 무엇보다, 잘 난 척 심한 놈들이니까.

한 사람은 의기양양하게 이렇게 썼다. "나도 동참했다. 차 안에서 편하게 환호를 질렀다. 그 재수없는 멍청이와 사기꾼 코치는 그런 벌을 받아도 싸다. (…) 그래, 나는 신랄하다. 레이더스 팬이라면 다 이렇게 산다."

_3장_

그 인간은
당해도 싸!

정 의 감 과
샤 덴 프 로 이 데

🦋 누군가가 트위터에 올린 글. "내 가방을 털려다가 생리
대를 꺼내고는 당황해서 다시 집어넣으려고 했던 그
남자에게 심심한 위로의 말을 전합니다."[1]

🦋 현금인출기 줄에서 새치기를 한 사람의 카드가 기계에
먹혀버릴 때.

🦋 성 소수자의 인권을 소리 높여 반대하던 오하이오주의
유부남 국회의원이 사무실에서 남자와 성관계를 맺은
사실을 들켜 사임할 때.

얼마 전 기차에 타고 있을 때 휴대전화로 이메일이 한 통 날아왔다. 남편이 보낸 이메일이었는데, "이거 봤어?!?!"라는 제목이 붙어 있었다.

내가 20대에 연극 연출가로 일하고 있을 때 한 남자 선배는 함께 일하는 여성 극작가들이나 여성 배우들에게 끊임없이 치근대면서 등뒤에서는 추잡하게 그들의 외모에 점수를 매겼다. 내가 그 극단에 오래 머물지 않은 이유 중 하나가 바로 그 사람이었다.

할리우드에서 하비 와인스타인의 성추행 의혹이 수면으로 떠오르고 소셜 미디어에서 미투 운동이 폭발적으로 일어나기 시작했을 때, 지금은 영향력 있는 연출가가 된 그 선배의 인터뷰를 우연히 읽었다. "영국 연극계의 와인스타인을 색출하는 작업은 고결한 일이며, 이미 몇몇 이름들이 거론되었습니다. 큰 정신적 외상을 남길 수 있는 끔찍한 사건이지만 조사하고 진상을 밝혀야 마땅합니다." 기가 막혔다. 자기가 무슨 짓을 저질렀는지 정말 모른단 말이야?

남편에게서 이메일을 받은 건 이로부터 몇 주 후였다. 어떤 뉴스 기사의 링크였다. 문제의 그 인터뷰가 나온 후 다섯 명의 여성이 나서서 과거에 그 연출가에게 성추행당한 사실을 폭로했다.

분명히 밝히자면 나는 그 혐의의 자세한 내용은 모른다. 또 솔직히 고백하자면, 그 기사를 읽는 순간 제일 먼저 떠오른 건 여성들이 겪었을 고통이 아니었다. 내가 느낀 건, 정확히 묘사하기는 힘들지만, 일종의 황홀경이었다. 마치 내 안에서 새하얀 빛이 확 터지는 것 같았다. 자꾸 삐져나오는 웃음을 참을 수가 없었다.

자업자득

- 🦋 공항 체크인 카운터 직원에게 무례하게 굴던 사람이 알고 보니 여권을 깜빡 잊고 안 가져왔을 때.
- 🦋 내 주차 자리를 얌삽하게 빼앗은 사람이 5분 후 내가 마트로 유유히 들어갈 때까지도 차를 제자리에 넣지 못하고 애를 먹고 있을 때.
- 🦋 자꾸 전자레인지에 생선을 데워 사무실 전체에 악취를 진동시키던 동료가 식중독에 걸렸을 때.

나쁜 인간이 마땅한 벌을 받을 때만큼 세상이 아름답게 빛나는 순간이 또 있을까. 기차역 계단에서 어떤 사람이 나를 툭 밀치며 내려가는 바람에 쇼핑백을 떨어뜨리고 만다. 온 우주의 기운이 내게 깃든 듯 그 사람은 기차를 놓친다. 기차역 플랫폼에 가보니 그가 구시렁거리면서 시계를 확인하고는 또 구시렁거린다. 내 마음이 훈훈하게 녹아내리고 나는 속으로 의기양양하게 중얼거린다. '인과응보. 뿌린 대로 거두는 법이지.' 누군가가 무임승차를 하다가 걸리거나 교통 위반으로 경찰에게 잡히면 우리는 목을 길게 빼면서까지 그 사람의 얼굴을 보고야 만다. 법을 어긴 사람이 벌을 받는 광경을 보는 것만큼 통쾌한 일도 드물다.

쇠렌 키르케고르는 타인의 몰락에 느끼는 쾌감이 '혐오스럽다'고 했다.[2] 샤를 보들레르는 다음과 같이 썼다. "남의 불행을 보고 마치 재채기를 하듯 긴장된 웃음을 터뜨리고 무의식적으로 얼굴을 씰룩이는 것만큼 명확한 심신 쇠약의 징후가 또 있을까?"[3] 하지만 역사적으로 대부분의 작가들은 타인의 불행을 즐겨도 무방한 한 가지 상황이 있다는 데 동감했다. 바로 자업자득의 경우다.

예를 들어 18세기 철학자 임마누엘 칸트는 인간에게 선천적으로 '동류의식', 쉽게 말해 '동병상련'의 성향이 있다고 믿었다. 하지만 동시대 독일인들의 행동을 지켜보며 칸트는 냉철한 논리로도 알 수 없는 무언가를 배웠다. "평화를 사랑하는 사람을 약 올리고 괴롭히는 것을 낙으로 삼던 사람이 마침내 정의의 뭇매를 흠씬 맞을 때, 분명 안 좋은 일이긴 하나 모든 이가 거기에 찬동하고 그 자체로 옳은 일이라 여긴다."⁴ 칸트는 처벌을 통쾌해하는 심리는 악의가 아니라, 도덕적 평형이 회복됐다는 안도감에서 비롯된다고 결론내렸다. 또, 범죄자 스스로도 자신의 처벌을 축하할 거라고 조금은 낙관적으로 쓰기도 했다.

우리는 현대 서구의 사법 제도가 감정에 좌우되지 않는 냉철한 것이라고 여긴다. 칸트가 살던 세상의 태형 기둥과 차꼬는 사라진 지 오래다. 교수대로 사람들이 몰려가 야유와 조롱을 보내던 시대도 지났고, 적어도 영국에서는 국가가 허가한 공식적인 처벌은 대개 비공개로 이루어진다. 오늘날의 재판을 생각할 때 언뜻 떠오르는 이상적인 모습은 냉정한 판사들과 합리적인 심의다.

하지만 다른 한편으로 정의는 대단히 감정적이기도

하다. 2009년 사기꾼 버나드 매도프Bernard Madoff가 150년 징역형을 선고받았을 때 방청석에서는 환호와 박수가 터져나왔다. 살인범이 구속되면 타블로이드판 신문들은 감방과 죄수복 사진을 실으며 그 불쾌한 환경을 신나게 선전한다. 범인이 잡히는 순간을 노리는 텔레비전 프로그램도 아주 많다. 교외 가정의 악몽을 보여주는 〈악덕 건설업자들〉*에서부터 정말 위험한 범죄를 다루는 〈성범죄자를 잡아라To Catch a Predator〉(나이 많은 남자들이 온라인에서 '미성년 소녀'에게 연락하여 약속을 잡고 나가면 텔레비전 카메라와 경찰이 그를 맞아준다. 한 시청자는 인터넷에 이런 소감을 남겼다. "저 인간 오줌 지렸네. 큭큭.")에 이르기까지 그 내용도 다양하다. 인터넷에서는 도덕적 비난이 속사포처럼 쏟아지고, 우리는 '좋아요'와 '공유하기'를 눌러 경사를 즐긴다. 감정이 고조된 이런 순간들은 사회적 허울을 부숴버리기에 흥미롭다. 남의 불행을 이렇게 거리낌없이 고소하게 여겨도 괜찮을까? 신중하게 정해진 처벌을 받을 사람에게 이런 굴욕감까지 덤으로 얹어줘도 괜찮을까? 변질

---

* 〈Cowboy Builders〉. 날림 공사를 해놓고 터무니없이 높은 비용을 청구하는 악덕 건설업자들을 고발하는 프로그램.

된 통쾌함과 수치심을 느끼는 순간, 왜 이렇게 기분이 좋을까, 그리고 그 즐거움을 얻기 위해 우리가 무슨 짓까지 할 수 있을까 하는 의문이 생긴다.

정의에 살고 죽다

🪳 성인 남자가 킥보드를 타고 횡단보도를 건너면서 노인들을 쌩하니 지나다가 도롯가 연석에 걸려 넘어질 때.

🪳 엄격한 규율을 강조하는 육아 전문가의 아이들이 슈퍼마켓에서 소란스럽게 떼를 쓰는 모습이 발각될 때.

🪳 룸메이트가 빨래를 하려고 세탁기에 있던 내 빨랫감을 밖으로 막 집어던지다가 내 빨간 양말 한 짝을 남겨두고 자기의 흰 양말과 함께 세탁기를 돌릴 때.

제임스 키멜 주니어 James Kimmel Jr. 는 고등학교 시절 한 남학생 패거리에게 괴롭힘을 당했다. 그들은 수년 동안 학대를 지속하다가 급기야 제임스의 개를 총으로 쏴 죽이기까지 했다. 경찰은 두 손 놓고 있었다. 어느 날 밤 제임스가 혼자 집에 있을 때 그 불량배들이 와서는 우편함 안에 작은 폭탄을 넣고 터뜨린 뒤 차를 몰고 달아나버렸다. "그 순간 내 안에서 뭔가가 폭발해버렸어요." 제임스는 지금 그가 일하고 있는 예일 의과대학 사무실에서 전화로 내게 말했다. 그는 농가에 있던 장전된 총을 움켜잡고 차에 올라타 그들을 뒤쫓아갔다.

제임스는 어둠을 뚫고 그들의 농장까지 따라갔다. 그들의 차가 멈추자 제임스도 차를 세우고는, 전조등을 강하게 켜둔 채 장전된 총을 들고 차에서 내리려 했다. 바로 그 순간 그는 일종의 계시를 받았다. "놈들을 죽이는 건 나 자신을 죽이는 짓이나 마찬가지라는 걸 깨달았죠. 그런 끔찍한 대가를 치를 수는 없었어요." 그래서 그는 차문을 쾅 닫고 다시 집으로 돌아갔다. 그런 다음 변호사가 될 계획을 세우기 시작했다.

제임스는 고등학교 시절의 트라우마를 끝내 극복하지 못했고, 변호사로서의 경력은 기대했던 만큼 좋게 끝나지 않았다. "나는 소송 전문 변호사로 열심히 일했습니다. 변호사라면 응당 해야 할 일을 했죠. 의뢰인들이 부당하게 당한 일을 귀기울여 들으면서 공감해주고요. 이런 일을 하다 보니 내 안에서 정의 실현의 욕구가 활활 불타오르더군요." 10년 동안 변호사로 일한 후 그는 한계점에 이르렀다. "나는 어딜 가나 내가 할 수 있는 모든 방법을 동원해 정의를 추구했습니다. (…) 슈퍼마켓에서든, 도로에서 누가 끼어들든 고통을 되갚아주려고 했죠. (…) 계속 이러다가는 큰일나겠다는 생각이 들기 시작했어요." 결국 그는 변호 일을 그만둘 수밖에 없었다.

그러던 어느 날 그는 우연히 『뉴욕 타임스』를 폈다가 정의 실현의 쾌감을 조사한 최초의 뇌 영상 연구에 관한 기사를 읽었다. 2004년 스위스 연구자들이 진행한 실험에서 피험자들은 정의 실현의 쾌감을 느끼고 싶은 욕구가 컸던 나머지, 도박성 게임을 하는 동안 사기꾼들과 빈대들을 벌하는 데 기꺼이 돈을 지불하려 했다.[5]

연구자들은 마약 복용으로 인한 쾌락을 비롯한 보상체계를 처리하는 뇌 영역인 배측 선조체의 활동 때문이라고 말했다. 제임스는 의문이 생겼다. 타인을 벌하는 즐거움 때문에 돈까지 쓸 정도라면, 그 즐거움에 중독될 가능성은 없을까?

정의가 구현되는 건 당연히 기분 좋은 일이다. 우리 사회의 조화와 질서가 유지되려면 협력과 규칙이 꼭 필요하다. 신뢰할 수 없는 범법자를 벌하는 일이야 말해 무엇하랴(앞서 이야기한 것과 같은 유형의 실험에서 피험자들에게 규칙을 어긴 자를 벌할 수 없게 하면 게임은 금방 실패로 끝나버린다).[6] 좀 더 최근의 한 연구에 따르면, 사람들은 문제의 인물이 깨달음이나 교훈을 얻지 못하게 된다 해도 그를 처벌하고 싶어한다(웨이터가 무례한 손님의 수프에 침을 뱉는 것처럼).[7] 여섯 살밖에 안 된 아이들조차 이기적이거나 신뢰할 수 없는 사람이 벌을 받으면 즐겁게 지켜본다(그리고 혹시 궁금해할까 봐 말하자면, 자기들에게 잘해주는 사람이 괴로워하면 자기 일인 양 슬퍼한다).

라이프치히의 연구자들은 인형극을 하나 준비했다.[8] 이 연극에서 어떤 인형들은 착하고 친절한 반면, 어떤 인형들은 아이들이 좋아하는 장난감을 주는 척하다가 도로 빼앗는 등 심술궂게 굴었다. 그런 다음 인형들이 하나씩 나와 맞는 벌을 받았다. 착한 인형들이 매를 맞자 아이들은 속상해했다. 하지만 못된 인형들 차례가 되자 아주 즐거워했다. 상황은 여기서 더 나빠진다. 아이들은 막이 내리기 전까지만 인형들의 체벌을 볼 수 있지만, 동전을 내면 인형이 맞는 모습을 계속 볼 수 있었다. 이기적인 인형이 벌받을 차례가 되자 아이들은 동전을 냈다.

일상생활에서 누군가를 비난하면 대개 희생이 따른다. 관계가 어색해질 수도 있고, 더 나쁘게는 육체적인 보복까지 당할 수 있다. 하지만 그 대가로 얻는 통쾌함도 무시할 수 없을 정도로 강하다. 그러니 우리는 정의 실현에 중독될 수 있을까? 확실히 그렇다고 생각한 제임스 키멜은 그 위험성에 대한 인식을 높이는 일에 전념하고자, 정의를 갈구하는 변호사에서 정신의학 강연자 겸 연구자로 인생 진로를 바꾸었다. 제임스는 도파민 처리의 차이에 따라 정의 실현을 더 많이 즐기는 성향을 타고나는 사람이 있음을 보여주는 연구[9]와 여성보다 남성이 범법자의 처벌을 더 즐거워한다는 사실을 증명한 연구를 지적한다.[10]

처벌을 기대할 때(인형극 실험을 예로 들자면, 아이들이 동전을 낸 후 막이 다시 열리기 전까지의 순간) 쾌감이 절정에 올랐다가 그 후에는 극적으로 떨어진다는 연구 결과까지 있다.[11] 앙갚음은 보통 옛 상처를 들쑤시기 때문이다. 우리가 직접 벌하든 아니면 옆에서 구경만 하든 마찬가지다. 제임스는 정의감 중독이 테러리즘, 보복 살인, 갱단 범죄 등 아주 위험한 결과를 초래할 수 있다고 믿는다. 하지만 사소한 일에서도 우리 대부분은 보복의 희열을 갈구한다. 어쩌면 우리는 이미 거기에 맛을 들렸는지도 모른다.

우리가 통쾌한 정의 실현을 갈망하게 되는 또 하나의 환경이 있다면 바로 디지털 세상이다. 실수 동영상과 더불어, 트위터나 페이스북에 융단 폭격처럼 가해지는 도덕적 훈계는 우리가 거실 소파에 편하게 앉아 악의적인 보복을 꿈꾸는 샤덴프로이데의 시대에 살고 있다는 증거로 제시되곤 한다. 규칙을 어긴 자가 망신당하는 모습을 보며 표출하는 샤덴프로이데는 선의의 힘이 되어 공적 담론을 좋은 방향으로 이끌 수도 있다(이에 대해서는 8장에서 더 이야기할 것이다). 하지만 군중 재판이라는 특수한 형태로 변질하면 파국을 초래할 수 있고, 많은 사람들이 너무도 쉽게 거기에 빠져버린다.

소셜 미디어 플랫폼들은 자기네들이 중립적이라고 주장할지 몰라도, 그것이 불의에 대한 저항심을 부추기고 있는 건 분명한 사실이다. 다른 사람들과 실제로 얼굴을 맞대고 만날 때보다 온라인에서 훨씬 더 많은 범죄에 노출되는 듯하다. 대량 학살, 부패한 은행원, 국제적인 음모에 관한 속보들이 휴대전화나 컴퓨터 화면 구석에 마구 뜬다. 많은 사람들이 공유할 만한 콘텐츠를 부추기는 수익 위주의 알고리듬(공분을 일으키는 내용일수록 클릭 수가 올라가는 것 같다)은 이 상황을 더 과열시킨다. 하지만 온라인에서 사람들이 불의를 보고 강박적일 만큼 따지고 드는 이유는, 노력도 비용도 거의 들지 않는다는 데 있다. 화면 뒤에 숨은 채 문제의 인물과 직접 부딪치지 않아도 되고, 현실 세계에서 주먹을 한 방 맞거나 사람들 앞에서 창피를 당할 위험도 없다. 그리고 연구 결과에 따르면 지켜보는 사람들이 있을 경우 불의에 맞설 확률이 높아진다는데, 온라인에는 이미 관객이 있다. 나쁜 놈들이 응징당하는 모습을 보면서 쾌감을 느끼고 싶다면, 인터넷을 얼쩡거리는 것만큼 쉬운 방법이 또 없다.

저스틴 사코Justine Sacco를 기억하는가? 그녀는 재앙과도 같은 판단 착오를 하고는, 170명이 팔로우 하는 트위터 계정에 인종차별적인 꼴사납고 무신경한 농담을 남겼다. '아프리카로 간다. 에이스에 안 걸려야 할 텐데. 농담이야. 난 백인이거든!' 그녀가 착륙하여 전화기를 켰을 때 인터넷에서 수많은 사람들이 의분을 터뜨리고 있었다. 인생을 송두리째 바꿔버린 그 사건에 관해 사코와 인터뷰를 한 영국 작가 존 론슨Jon Ronson은 트위터에서 그 난리통을 처음 보고 제일 먼저 떠오른 생각을 고백했다. "처음엔 '와, 또 누가 망했구나' 싶어 조금 즐거운 기분이었다."[12]

거북한 침묵

문화 이론가 애덤 코츠코Adam Kotsko는 거북함이란, 가치 체계가 서로 충돌해서 어떻게 혹은 무엇을 해야 할지 몰라 곤경에 처하는 아주 현대적인 현상이라고 말한다.[13] 샤덴프로이데라는 감정에는 거북함이 상당히 잠재되어 있다. 비도덕적인 언행에 쉽게 발끈하게 되고 작은 정보 하나에 갈대처럼 마음이 흔들리는 인터넷상에서는 특히 더 그렇다. 웃음을 연구하는 신경과학자 소피 스콧Sophie Scott에 따르면, 강의를 할 때 더블린의 한 행인이 얼음에 미끄러지는 영상을 보여주면 젊은 사람들은 반드시 깔깔거린다고 한다. 하지만 실제로 얼음에 미끄러질 확률이 조금 더 높은 나이든 사람들은 좀처럼 웃지 않고, 그래서 젊은 사람들은 거북한 침묵에 빠진다. 풍자 신문『디 어니언The Onion』의 한 기사 제목이 그 상황을 단적으로 묘사해준다. '하나도 재미없어. 내 형제가 그렇게 죽었다고.'

이렇듯 누군가의 고통을 보고 '당해도 싸다', '벌을 받아 고소하다'고 느끼다가도 그런 인식이 금세 바뀌어버릴 수도 있다. 공정한 고통과 부당한 고통을 구분짓는 선은 아주 유동적이며 의견이 분분히 갈라지는 경우가 많다. 그렇다면 의문이 생긴다. '당해도 싼' 일을 결정하는 기준은 무엇일까?

『감정은 어떻게 만들어지는가?』를 쓴 신경과학자 리사 펠드먼 배럿Lisa Feldman Barrett은 직업 때문에 배심원단에 잘 선정되지 못한다고 말했다. 내가 이유를 묻자 그녀는 "이런 일 때문이죠"라며 씩 웃었다. 그녀는 얼마 전에 배심원으로 뽑혔다. "정말 간담이 서늘했어요. 과학자로서 걱정하는 모든 일이 실제로 벌어졌으니까요." 주유소에서 엎질러진 기름에 미끄러진 남자가 주유소를 업무 태만으로 고소한 민사 사건이었다. 배심원 투표 결과 6 대 1로 원고에 대한 피해 보상을 인정하지 않는다는 결정이 내려졌고, 리사는 배심원 협의실에 고요히 감도는 만족감을 느꼈다. 이미 짐작했겠지만, 리사는 혼자 다른 표를 던졌다.

문제는 그들의 뇌였다. 리사에 따르면 뇌는 "가동하려면 아주 큰 비용이 드는 기관"이기 때문에, 노력을 줄이고 다른 과제에 사용할 에너지를 비축하기 위해 상황을 예측하고 미리 정해진 범주 안에서 생각하는 데 아주 능하다. "우리는 우리 눈에 보이는 것이 객관적인 진실이라 생각하지만, 실은 우리가 이미 알고 있는 바에 우리의 경험을 끊임없이 끼워 맞추고 있는 겁니다." 누군가의 무죄나 유죄를 판결할 때 이런 확증 편향은 특히 위험하다.

원고는 미국 태생이 아니었고 영어 원어민도 아니었다. "배심원단 심의에서 반이민적인 분위기가 있었어요. 이민자들이 정부나 미국 주유소를 속이려 든다는 인식이 머릿속에 박혀 있으면……" 리사는 잠깐 말을 끊었다. "다들 기뻐했다고 말하기에는 뭣하지만 흡족해하는 느낌이었어요. 시스템을 이용해먹으려는 누군가를 저지했다고 말이죠."

리사는 남이 마땅한 벌을 받았다고 고소한 기분이 조금이라도 드는 자체가 이상한 일이라고 말한다. "뇌는 주변의 모든 정보를 처리하지 못하기 때문에, 의미 있어 보이는 사실을 근거로 결정을 내리고" 우리에게 직접적인 영향을 줄지도 모르는 정보를 우리 자신의 '감정적 적소'에 집어넣는다.[14] 예를 들어, 누군가가 칼을 들고 접근하면 우리는 이를 의미 있는 정보로 해석하고, 에너지가 많이 소비되는 강렬한 감정을 경험하게 된다.

하지만 누군가가 벌을 받을 때, 우리가 피해자도 응징자도 아닐 때조차 웃음을 터뜨리거나 열심히 옹호하면서 강한 감정을 느끼는 걸 보면 우리의 뇌가 이런 상황을 유의미하게 여긴다는 사실을 알 수 있다. "놀랍게도 나의 뇌는 내게 일어나고 있지도 않은 일, 저 멀리서 일어나고 있는 일, 내 눈으로 직접 목격하지도 않을 일이 나와 내 몸에 의미 있는 양 반응을 보이죠."

우리가 이토록 신경을 쓰는 이유는 남들에게 위험한 것이라면 우리 자신에게도 위협이 될 수 있다고 느끼기 때문이다. 리사는 이런 질문을 던진다. "남자를 해친 악당이 잡혔을 때와 여자를 해친 악당이 잡혔을 때 나는 똑같은 샤덴프로이데를 느낄까요? 아이에게 해코지한 사람에게 느끼는 샤덴프로이데의 정도는 내가 아이를 갖기 전이

나 후나 똑같을까요?" 그럴 것 같지는 않다. 수많은 증거가 보여주듯, 우리는 자신과 비슷한 처지의 사람에게 강하게 공감하는 반면, '타인'으로 분류되는 이들의 고통에는 그리 절실한 아픔을 느끼지 않는다. 누군가의 잘못이 우리에게 영향을 미칠 수 있을 때 우리는 자리를 박차고 일어나 의분에 떤다.

그래서 나는 이럴 때 고소한 기분이 든다. (운전을 못하는) 나는 항상 걸어 다니는데 보도에서 자전거를 타다가 경찰에게 걸리는 사람을 볼 때. (나 같은) 대학 강사들을 부정적으로 평가하는 학생들이 잠자리에서 별로라는 풍자적 기사를 읽을 때. 깨끗한 집의 미덕에 대한 텔레비전 프로그램을 만드는 사람들이 (나처럼) 아주 지저분하게 살고 있다는 사실이 밝혀질 때.

남들이 정의의 심판을 받을 때 통쾌한 기분이 드는 이유에는 범법자와 위선자에 대한 증오뿐만 아니라 자기방어도 있다. 그들의 나쁜 행실이 미래에 내게 해를 끼칠지도 모른다. 그래서 나는 그들이 강제로라도 교훈을 얻어 실수를 바로잡기를 바라며 인과응보의 광경을 만끽하는 것이다.

_ 4장 _

잘난 척하더니
쌤통이다

우 월 감 과
샤 덴 프 로 이 데

❧ 건축계의 거장 노먼 포스터가 설계한 애플의 사옥 애플 파크의 최첨단 유리벽이 너무 투명한 나머지 직원들이 벽에 부딪히는 사고가 나서 유리가 있다는 사실을 알리는 포스트잇 쪽지를 붙여놔야 했을 때.

❧ 열쇠 관리를 잘하라고 툭하면 잔소리하는 남편이 열쇠를 깜박한 바람에 초인종을 누를 때.

❧ 어떤 부모가 새로 산 인공지능 스피커를 자랑하면서 아기에게 듣고 싶은 노래를 신청해보라고 한다.

아기 〈디거 디거Digger, Digger〉 틀어줘.

알렉사(음성 비서) 포르노 방송을 듣고 싶으세요, 섹시한 풋내기 아가씨? 거시기, 항문, 딜도……
부모(목소리만) 안 돼! 알렉사! 그만! 그만! (《더거 더거》라는 제목의 포르노 비디오도 있는 모양이다.)

여섯 달 전쯤 내셔널갤러리에 갔다. 가을이라 관광객은 없었다. 한적한 미술관을 거닐다 피터르 브뤼헐이 1555년경에 그린 작품을 지나게 되었다. 나답지 않게 먼저 그림의 제목(추락하는 이카로스가 있는 풍경)을 읽은 다음, 명성과 영예를 욕심내 태양까지 날아가려 했던 남자를 찾아 캔버스를 힐끔 보았다. 거대한 인공 날개를 단 근육질의 주인공이 불덩어리가 되어 땅으로 떨어지는 모습을 보게 될 줄 알았다. 그런데 아니었다. 벼랑 끝에서 바라보는 고요한 풍경이었다. 나는 제목을 다시 확인했다. 〈추락하는 이카로스가 있는 풍경〉. 그림을 다시 보았다. 아니잖아. 양들을 지키는 농부, 하늘을 가로지르는 구름과 키작은 풀들, 잔잔한 바다에서 살살 흔들리고 있는 선박 한 척이 있는 목가적 풍경이 펼쳐져 있었다. 그러다가 마침내 그를 발견했다. 그림의 오른편 밑에, 농부도 양들도 눈치 못 챈 사이, 누구 하나 봐주는 이 없이 바닷물 속으로 곤두박질쳐 작은 다리 한 쌍만 물 밖에서 퍼덕이고 있는 이카로스. 내셔널갤러리에 웃기는 그림은 많지 않지만 이 그림을 보니 웃음이 났다. 이카로스는 사람들에게 칭송받기를 바랐다. 하지만 아무도 모르게 죽고 만다.

잘난 척하는 사람만큼 짜증나는 게 또 있을까? 자기가 더 도덕적인 사람이라는 양 찡그리는 표정하며, 겸손한 척 거들먹거리는 태도하며, 배려하는 척 짓는 숨막히는 미소하며. "하이브리드 자동차 신형 모델로 한 대 뽑았어." "고백하자면, 동틀 녘에 일어나서 명상하는 걸 좋아해." 한바탕 싸운 후 내가 사과하면 잘난 상대는 "용서해줄게"라고 아랫사람 대하듯 말한다(쌍방이 서로 사과하는 것이 도리 아니던가?). (별로 대수롭지도 않은) 도움을 받고 고맙다고 중얼거리면 "별것도 아닌데, 뭘" 하며 생색을 낸다.

동류라 할 수 있는 과시, 우월감, 과욕, 가식과 마찬가지로 잘난 척도 범죄가 아니다. 적어도 앞 장에서 논한 잘못들만큼 중대한 죄는 아니다. 하지만 범죄처럼 느껴질 때가 많다. 이카로스부터 일론 머스크까지, 우리는 오만한 인간이 벌받는 광경을 볼 때 가장 흥분한다. 정의 실현을 목격할 때와 비슷한 유의 특수한 샤덴프로이데지만, 인격적 결함이 대부분 그렇듯 남들의 허영심과 자만도 사람의 관점에 따라 달라지기 때문에 오용되기 쉽다.

덴마크 작가 악셀 산데모세Aksel Sandemose는 어느 모로 보나 그리 호감 가는 인물은 아니다. 출판업자들을 뜯어 먹고, 처자식을 버렸고, 한 남자를 죽였다는 의혹까지 있다. 오늘날 그의 작품은 별로 인기가 없지만, 1933년에 쓴 소설 『도망자, 자신의 자취를 가로지르다En flyktning krysser sitt spor』의 한 페이지만은 지금까지도 많이 회자되고 있다.

산데모세가 어린 시절 자란 유틀란트 북부의 작은 마을과 유사한 가상의 마을 얀테를 배경으로 하는 이 소설은 개인주의와 지나친 탐욕에 대한 덴마크인들의 암묵적인 경멸이 담긴 얀테의 법칙Janteloven으로 유명하다.

당신이 특별하다고 생각하지 마라.

당신이 남들보다 좋은 사람이라고 생각하지 마라.

당신이 남들보다 더 똑똑하다고 생각하지 마라.

당신이 남들보다 더 낫다고 착각하지 마라.

당신이 남들보다 더 많이 안다고 생각하지 마라.

당신이 남들보다 더 중요한 사람이라고 생각하지 마라.

당신이 모든 것을 잘한다고 생각하지 마라.

다른 사람을 비웃지 마라.

모든 사람이 당신을 신경쓴다고 생각하지 마라.

남들에게 무엇이든 가르칠 수 있다고 생각하지 마라.[1]

덴마크인뿐만이 아니다. 여러 시대와 국가에서 이 암묵적인 규칙을 깨는 사람들은 멸시의 시선과 함께 비웃음을 샀다. 춤에 관해서라면 특히 더 그렇다.

발다사레 카스틸리오네*가 16세기에 저술한 예법 지침서 『궁정론Cortegiano』에 담겨 있는 한 일화에서는, 파티에서 한 병사가 군에 몸담은 이상 우스꽝스러운 짓은 할 수 없다는 이유로 춤추기를 거절한다. 그러자 한 여성 내빈이 그의 가식적인 행동을 조롱하기 시작하고, 곧 "근처에서 지켜보던 사람들이 웃음을 터뜨려" 가여운 군인에게 굴욕감을 안겨준다.[2] 오스트레일리아 토착 부족인 토

---

* Baldassare Castiglione(1478~1529년). 이탈리아의 시인, 정치가, 인문주의자.

레스 해협 원주민들 사이에서 남성의 춤은 공동생활의 중요한 일부이며, 안무가 엄격하게 정해져 있다. 그런데 누군가가 자신만의 몸짓을 가미해 동작을 바꾸고 자기만 돋보이려 한다면? 그늘에서 지켜보는 여성들의 비웃는 소리에 주눅이 들어 얼른 원래 안무로 돌아갈 것이다.[3]

이론상으로는, 현대 서구 사회에서 개인의 재주 과시를 억압하고 경멸하는 분위기는 사라졌다. 우리는 야망을 예찬하지 않는가? 큰 포부를 품은 자에게 박수를 보내지 않는가? 하지만 조금만 들여다봐도 얀테의 법칙이 여전히 건재함을 알 수 있다. 2017년 한 인스타그램 인플루언서가 바하마에서 열리는 호화로운 음악 축제(가장 비싼 주말 패키지가 1인당 3만 달러였다)를 홍보했다. 축제 주최측은 평생 잊지 못할 경험이 될 거라고 장담했다. 하지만 밴드들은 나타나지 않았고, 백사장은 공사장이었으며, 음식은 비닐랩에 싼 샌드위치였다(참, 그리고 비도 내렸다). 이 얼마나 쌤통인가.

솔직히 말하자면 우리는 남의 콧대를 꺾어놓기를 좋아한다. 내 이웃은 매끈하게 빠진 새 차를 뽑았다가 또 다른 이웃에게 놀림당한다("우버 택시 기사라도 된 줄 알았네요!"). 한 친구가 고급 백화점에 가서 브런치를 먹을 거라는 말을 흘리기만 하면 우리는 대단하다는 듯 "와아아아" 하고 조롱 섞인 탄성을 지른다. 도가 지나친 것은 별로 환영받지 못하며, 지켜야 할 규칙들이 있다. 유명인과 친한 척하지 말 것, 자녀들의 성적을 자랑하지 말 것, 새로 산 비싼 코트를 보란듯이 펄럭이지 말 것. 사실 우리는 이 규칙들을 알고 있다. 그래서 티 나지 않게 은근히 자랑할 수 있는 방법을 찾는 수고를 마다하지 않는다.

전문가들의 주장이 틀렸다고 입증되는 순간을 보고 싶은 심리도 따지고 보면 자기가 남들보다 우월하다고 생각하는 자들에 대한 반감 때문이다. 최고 수준의 전문가들이 성급한 판단을 내렸다가 후회하는 모습을 상상하기만 해도 얼마나 고소한가. 데카 레코즈˚는 1962년에 "기타 중심의 밴드는 이제 한물갔다"며 비틀스를 거절했고, IBM 회장 토머스 왓슨은 1943년에 "세계 시장에서 팔릴 컴퓨터는 다섯 대 정도 될 것이다"라고 단언했다. 권위를 싫어하고 닐씨와 판련된 선 뭐는 좋아하는 영국인들은

˚ Decca Records. 1929년 영국에 설립된 대형 음반사.

1987년의 한 사건을 지금까지도 이야기하며 킬킬거린다. 일기 예보관 마이클 피시는 허리케인이 오고 있다고 BBC에 제보한 한 여성을 조롱하면서 "걱정 마세요, 아니니까요"라며 능글맞게 웃었다. 그러고 나서 300년 만에 가장 강력한 폭풍우가 영국을 강타했다.

'키 큰 양귀비'*라는 개념은 걸출하고 숙련된 사람들의 실수를 보고 싶어하는 우리의 열망을 축약적으로 보여준다. 왠지 밑바탕에 잔인함이 깔려 있는 듯한 이 표현은 그리스 역사가인 헤로도토스가 들려준 한 이야기에서 비롯되었다. 참주 페리안드로스는 제멋대로인 코린토스 시민들 때문에 속을 끓이다 이웃 참주에게 조언을 구했다. 이웃 국가의 왕은 말 대신 몸으로 직접 보여주었다. 밀밭을 걸으면서 가장 크고 가장 탐스럽게 익은 이삭들을 말없이 뽑아버려 최상의 작물만 모조리 없애버렸다(훗날 전해지는 이야기에서는 밀이 양귀비로 바뀐다). 이를 지켜보던 페리안드로스는 어떻게 해야 할지 깨달았고, 누구의 저항도 없이 통치하기 위해 코린토스에서 영향력 있는 유명

---

* tall poppy. 집단 내에서 두각을 나타내는 뛰어난 인물을 뜻하는 용어. 이런 사람이 오히려 분노와 공격의 대상이 되는 현상을 키 큰 양귀비 증후군이라 한다.

인사들을 곧장 몰살해버렸다.

우리가 성공한 사람에게 느끼는 반감도 이처럼 편집 증적이며 권력욕이 깃들어 있을까? 위선적인 심리인 것만은 확실하다. 누구나 남들의 시선을 끌고 돋보이고 싶은 순간에는 작은 허영을 부린다. 그러면서 최정상에 오른 이들의 내리막이 시작되기를 기다리는 일만큼 짜릿한 것도 없다. 나 자신이 더 나은 사람처럼 느껴지기를, 오늘 하루도 별 탈 없이 지나가기를 바라는 욕심과 별다르지 않을 것이다.

분명, 뒤처지고 싶지 않은 욕망과 함께 시기심도 나름의 역할을 한다. 그런 감정이 생길 때면 조금은 기분이 나빠지고, 조지 엘리엇의 단편소설 「에이모스 바턴 목사의 비운The Sad Fortunes of the Reverend Amos Barton」에서 비열한 험담을 좋아하고 "친구의 기분 좋은 순간을 망치는 낙으로 사는"⁴ 구두쇠 해킷 부인과 자신이 별다를 것 없는 인간 아닌가 하는 의구심이 들지도 모른다. 혹시 지금도 조금은 창피한 기분이 들지 않는가?

모든 악덕이 그렇듯, 겉멋 들고 잘나가는 것처럼 보이는 사람들, 그러니까 키 큰 양귀비들을 의심쩍어하는 심리는 비정상적인 것이 아니다. 진화심리학자들은 초기 사회들이 실제로는 평화로운 유토피아와 달리 공격과 폭력이 난무했지만, 협력이 아주 중요했던 만큼 평등성도 높았을 거라는 조심스러운 주장을 펼쳤다. 위세를 부리거나 자기가 남들보다 중요하고 가치 있는 인물인 척하려는 사가 있으면 조롱과 배척으로 그 책임을 물었다. 21세기의 런던이든 16세기의 베네치아 궁정이든 토레스 해협 원주민 사회든, 가식을 조롱하는 건 잔인해 보일지 몰라도, 무례한 자들이 두각을 드러내지 못하게 막음으로써 공익에 도움이 되기도 한다. '다 너를 위해서야. 쫓겨나고 싶지 않으면 규칙을 지켜.'

오늘날 우리는 두 가지 서로 다른 충동 사이에 끼어 있는 것 같다. 개성과 재능을 찬양하고픈 충동과 그것을 비난하고픈 충동. 하지만 후자의 즐거움을 부인할 수 없다. 허풍쟁이가 실수를 저지르고 당황해하는 꼴을 보며 속으로 킬킬거리고 나면 그 뒷맛이 찜찜할지도 모르지만, 우월감이 밀려드는 그 짧은 순간, 어렴풋이 희망의 빛까지 반짝일 것이다. 그의 추락을 즐기면서 실은 그를 구제해주고 있는 것이라고 말이다.

'선한 샤덴프로이데'가 있다고?

"선한 샤덴프로이데도 있다고 생각합니다." 철학자 존 포트먼John Portmann이 버지니아대학 사무실에서 내게 한 말이다. 신중하고 사색적인 그는 말을 허투루 하는 사람이 아니었다. 샤덴프로이데의 시대에 사는 우리는 기이한 도덕적 딜레마에 빠져 있다. 샤덴프로이데를 느끼도록 부추김당하지만 막상 그렇게 하면 비난받는다. 포트먼은 그의 저서 『타인에게 나쁜 일이 생길 때When Bad Things Happen to Other People』에서 이 반갑지 않은 감정에 고민하는 우리의 '불안감을 떨쳐주고' 위로해주려 애썼다. 보통은 사람들의 내면을 마구 휘젓고 싶어하는 철학자답지 않은 관대함으로.

"'나'는 사실 내가 자란 배경의 산물일 뿐입니다." 그는 이렇게 말했다. "저는 엄격한 가톨릭 집안에서 자랐어요. 그렇게 독실한 가정에서 자라면 일정한 규칙을 배우고 그것을 어기면 큰 죄책감을 느끼게 뇌죠. (…) 어머니는 저를 사랑하셨지만, 어린 제게 말씀하곤 하셨습니다. '너는 건방져, 그건 죄야'라는 식으로 말이죠. 어머니는 제가 어떤 일에 실패하거나 망신당하는 순간을 즐기는 것 같았어요. 신이 내게 가르침이나 깨달음을 주는 거라고 생각하신 거죠. 요즘은, 적어도 미국의 어머니들은 아주 달라요. (…) 아이가 뭘 하든 아주 잘했다고 말해주죠. 제 어머니는 정말 엄격하셨어요. (…) 그리고 음……" 그는 한참이나 뜸을 들이다 말을 이었다. "네, 그래서 저는 나의 실패가 남의 행복이 될 수도 있다는 걸 어린 나이에 깨달았습니다."

그의 목소리가 차츰 잦아들었다. 겨우 몇 분 그와 얘기를 나누었지만, 나는 진심으로 마음이 아팠다. 하지만 존은 어린 시절의 경험으로 고통에 허우적대는 대신, 누군가의 도덕적 변화를 바라는 마음에 그의 실패를 기뻐하는 경우도 있음을 이해했다. 그리고 이런 '선한 샤덴프로이데'를 옹호했다.

존은 얼마 전 파리의 남동부에 있는 특이한 바로크풍의 보르비콩트 성에 다녀온 일을 이야기해주었다. 고풍스러운 분위기를 내기 위해서인지 한 테이블에 17세기 시인 장 드 라퐁텐의 우화집 초판이 놓여 있었다. 펼쳐져 있는 부분은 「늙은 사자Le Lion devenu vieux」의 두 페이지였다. 사자는 권력과 힘으로 밀림을 공포로 몰아넣으면서 다른 짐 승들을 업신여겼다. 모두가 사자를 두려워하고 원망했다. 하지만 결국 사자도 나이를 먹었다. "세월의 무게를 짊어 지고 근근이 숨을 쉬며/ 이제는 사라지고 없는 힘을 슬프 게 추억하다/ 마침내는 자기 밑에 있던 짐승들에게 공격 받는구나."[5] 짐승들은 죽어가고 있는 사자를 둥글게 에워 싼 채 발로 차고 물어뜯고 조롱한다. 현대의 독자에게는 놀라울 정도로 잔인하게 들린다.

하지만 제프리 아처*나 마서 스튜어트**가 몰락했을 때 사람들이 느낀 샤덴프로이데와 크게 다를 바가 있을까? 사자에게 발길질을 해댄 짐승들과 똑같이, 기자들은 그들 에게 우르르 몰려가 맹공격을 퍼부었다. 라퐁텐의 이 교 훈적인 우화는 어떤 잘못에 대한 복수보다는 우리에게 열 등감을 안겨줬던 누군가가 몰락할 때 느끼는 통쾌함을 이 야기하고 있다. 머리 좋고 성적 좋고 인기 많고 운동도 잘

---

* Jeffrey Archer. 영국의 정치가이자 소설가로 명성을 날리다가 성매매를 했다는 기 사가 나면서 위신이 추락했다.

** Martha Stewart. 가정생활 관련 서적의 출판을 시작으로 억만장자 기업인의 대열 에 올랐지만 2002년에 주식 부당거래 혐의로 조사를 받고 증권 사기와 음모, 사법 방 해, 허위 진술 등의 혐의로 기소되었다.

하고 매사에 자신만만하더니 옥스퍼드나 하버드대학까지 진학해서 나를 주눅들게 만든 녀석이 있다고 상상해보자. 한동안 녀석은 계속 잘나간다. 하지만 몇 년 후 인생이 꼬여 취업을 못 했다거나 마약에 중독됐다거나 부모님에게 빌붙어 살고 있다는 소식이 들린다. 그렇다면 나는 어떤 기분이 들까?

"살다 보면 좋을 때도 있고 나쁠 때도 있잖습니까." 존이 말했다. "잘나가던 사람이 이빨 빠진 호랑이가 되면, 그 인간 때문에 기가 죽었던 때가 떠오르면서 통쾌한 기분이 들죠."

존이 교육받고 자란 기독교 전통은 샤덴프로이데에 아주 모순된 태도를 보인다. 구약성경은 "네 원수가 쓰러졌다고 기뻐하지 말고 그가 넘어졌다고 마음속으로 즐거워하지 마라"(잠언 24장 17절)라고 가르친다. 하지만 기독교 미술과 문학에는 죄인들의 고통을 즐기는 장면들이 넘쳐난다. 히에로니무스 보스의 〈최후의 심판〉은 큰 술통에 담긴 포도주를 억지로 마시고 있는 주정뱅이들과 날카로운 못이 달린 고문 기계를 휘두르는 악마들의 모습을 아무 거리낌 없이 통쾌하게 그리고 있다. 2~3세기에 살았던 기독교 개종자 테르툴리아누스*는 심판의 날에 옛 친구들이 당할 참사를 생각하며 다음과 같이 짜릿해한다. 이교도 시인들은 "치욕에 뒤덮인 채 (…) 한 번의 불길에 타죽으리라!"[6] 배우들은 무대에서보다 더 큰 소리로 비명을 지르리라. 씨름꾼들은 경기장이 아니라 "소용돌이치는 화염 속에서" 펄쩍펄쩍 뛰고 몸을 구르리라. 현세에서는 샤덴프로이데가 용납되지 않을지 몰라도, 내세라면 이야기가 달라졌다.

보스와 테르툴리아누스의 샤덴프로이데는 과거의 죄가 응징받는 인과응보에서 비롯된다(지옥에서 벌어지는 일이라 구원의 가능성도 전혀 없다). 하지만 성경은 다른 종류의 샤덴프로이데도 이야기한다. 누군가의 고통을 기뻐하는 것은 그가 더 나은 인간으로 거듭날 가능성을 믿기 때문이다. 구약성경의 에제키엘서(33장 11절)에서 하느님은 이렇게 말한다. "나는 악인의 죽음을 기뻐하지 않는다. 오히려 악인이 자기 길을 버리고 돌아서서 사는 것을 기뻐한다." 공개적인 망신은 오래전부터 종교적 수행의 일부

---

* Tertullianus(160~220년). 고대 로마의 법률가였지만 후에 기독교 연구가가 된다.

였다. 비잔틴의 은둔자들은 웃음과 우스갯소리를 음탕함과 잔인함의 징후로 보고 못마땅하게 여겼다(어쨌든 성경에서도 그리스도는 한 번도 웃지 않았으니까). 하지만 10세기에 살았던 성인 아토스의 아타나시우스는 한 수도사가 무례하게 굴자 동료 수도사들에게 그를 조롱하도록 부추겼다. 초기 현대의 기독교권 유럽에서는 규율을 어긴 자들을 일깨우기 위해 단식, 채찍질, 교회 주변 행진처럼 사람들 앞에서 굴욕당하는 의례를 치르게 했다. 그러면 좀 더 경건하고 착실한 종교인으로 거듭나 남들에게 본보기가 되지 않을까 하는 기대를 품고서. 19세기 중반만 해도 에이브러햄 링컨이 매년 4월 30일을 단식과 결핍의 날, '국가적 굴욕의 날'로 선언했다. 미국이 "끊임없는 성공에 중독되어 자기만족밖에 모르는 너무 오만한"[7] 나라가 되었다는 것이 링컨의 생각이었다.

자신의 실패를 재조명하고 성공의 일부로 예찬하는 요즘의 분위기는 그 연속선상에 있다고 할 수 있다. 우리는 자기 자신을 낮추면서도 너무 굴욕적이지는 않은 실패담을 나눈다. 그런 이야기들은 엄청난 감동을 안겨주기도 한다. 예를 들어 J. K. 롤링은 "내가 아는 사람 중 최악의 실패자"(미혼모, 실업자, 파산자)가 되고 나서야 진정으로 원하는 일에 전념할 수 있었다고 말했다.[8] 어쩌면 우리가 인터넷에 떠도는 실수 영상들을 즐기는 이유는 예기치 못한 놀라움과 반전을 좋아할 뿐만 아니라 실패가 도움이 된다는 이런 본능적인 생각 때문일지도 모른다. 요즘 내가 좋아하는 유튜브 영상의 주인공을 보자. 이제 막 걸음마를 시작한 통통하고 귀여운 아기와 솜털이 폭신폭신한 예쁜 새끼 고양이가 마주 앉아 있다. 아기가 손을 내밀고, 고양이를 쓰다듬는가 싶더니 고양이의 코를 주먹으로 픽 때린다. 고양이는 벌떡 일어나 앞발로 아기를 후려친다. 깜짝 놀란 아기는 벌러덩 쓰러져 악을 쓰며 울기 시작한다. 이 영상이 재미있게 느껴진다면, 아기가 인생의 중요한 교훈을 얻고 이 경험을 통해 잘못을 깨달아 겸손해질 거라는 기쁜 마음이 들어서일지도 모른다.

물론 조심해야 한다. 애인에게 차이고 나면 더 강인해질 거라느니, 실직이 전화위복이 될 거라느니 면전에 대고 떠들어대면 상대의 결점을 은근히 비판함으로써 상처에 소금을 뿌리는 꼴밖에 안 된다. 그렇다. '선한 샤덴프로이데'에는 오만함이 깃들 수도 있다. 또한 우리에게 해를

끼친 인간들의 구원을 기뻐한다는 건 적잖은 자기기만일
수도 있다.

인과응보를 꿈꾸다

- 전 애인의 약혼식에서 돈 많고 잘생긴 배우나 모델을
  만나 사귀게 될 거야.
- 항상 깔끔 떨면서 내 헐렁한 점퍼에 묻은 얼룩 하나에
  난리를 치는 그 친구도 자식이 생기면 나보다 더 지저
  분해질걸.
- 조깅을 발명한 사람이 누군지 몰라도 조깅 때문에 오
  히려 더 일찍 죽는다는 사실을 자기도 인정할 수밖에
  없을 거야.

마틴 스코세이지 감독의 영화 〈코미디의 왕〉에서 몽
상가 루퍼트 펍킨은 슈퍼스타 코미디언이 되어 〈제리 랭
퍼드 쇼〉에 출연하는 모습을 상상한다. 쇼에 깜짝 손님
이 등장한다. 옛날에 다녔던 고등학교의 교장! 교장이 소

심하게, 심지어는 존경심을 가득 담은 표정으로 스타에게 다가간다. 펍킨은 그를 못 알아보는 척 과장되게 연기하지만(이 모든 일이 펍킨의 머릿속에서 벌어지고 있음을 잊어서는 안 된다), 교장은 물러나지 않는다. 그는 펍킨이 변변치 못한 인간이 될 거라 믿었던 모든 이들을 대신해 전 국민이 지켜보는 앞에서 그에게 사과하고, 용서를 빌고, 모두의 삶을 의미 있게 만들어준 그에게 감사의 뜻을 전하고 싶다고 한다.

대부분의 사람들은 자기에게 모욕을 준 인간이 잘못을 깨닫는 바로 그 순간을 보고 싶어하거나, 아니면 상상이라도 한다. 당황스러움과 두려움과 후회로 일그러지는 그 얼굴을. 그리고 우리는 정말 소중한 이런 순간을 남들에게 선사해주기도 한다. 자신의 실수를 깨달았다는 신호를 무의식중에 보내는 방식으로 말이다. 넘어지면 혼자 구시렁거리고, 도서관에서 자신의 전화가 울리면 움찔 놀라는 시늉을 하고, 운전을 하다 실수를 하면 부끄러운 듯 두 손으로 머리를 잡는다.

이런 사소한 행동을 통해 우리는 잘못을 시인하고, 이미 괴로워하고 있으니 더 이상의 벌은 받지 않아도 된다고 주장하는 것이다. 그런데 누군가가 실패를 하고도 뻔뻔스럽게 밀고 나가려 하면 상황이 복잡해진다. 오디션 프로그램의 참가자가 형편없는 점수를 받은 뒤 태연한 표정으로 심사위원들을 무시하는 듯한 행동을 보이면 우리는 얼굴을 찡그리고 코웃음을 치며, 스페인어로 '베르구엔사 아헤나vergüenza ajena'라고 하는, "내가 다 창피하네!" 싶은 순간을 경험한다. 하지만 참가자가 풀죽은 얼굴로 입술까지 살짝 떤다면? 그러면 우리는 "에이, 그렇게 못하지는 않았는데"라고 반응할 것이다.

예전에 우리에게 고통을 안겨준 사람이 자신의 무거운 실수를 깨달아 힘들어하고 수치스러워하는 모습을 볼 수 없다면, 상상하는 수밖에 없다. 가수 제시 제이는 〈지금 웃고 있는 사람은 누구지Who's Laughing Now〉라는 노래에서, 과거에 그녀를 괴롭히고 따돌렸으면서 그녀가 부유한 스타로 로스앤젤레스에서 잘살게 되자 이제 와서 친해지려 애쓰는 옛 동창들에 관해 이야기한다. 이 정도는 아무것도 아니다. 수 타운젠드Sue Townsend가 쓴 비밀 일기 시리즈의 유명한 주인공인 13과 4분의 3살의 에이드리언 몰은 응징을 상상하는 솜씨가 타의 추종을 불허해서, 그를 얄

잡아봤던 인간들이 잘못을 후회하는 내용의 시나리오를 아주 정교하게 만든다. 에이드리언이 자라서 유명한 지식인이 되면 지리 선생님은 그에게 미안해할 것이다. 구릿빛 몸의 척척박사 에이드리언이 세계 여행에서 돌아오면 판도라는 그와 결혼할 기회를 놓친 것이 억울해 울다 잠들 것이다. 학교의 문제아 배리 켄트는 결국 감방에 갇혀서, 덩치 큰 아이의 우둔함을 덩치 작은 아이의 명석함과 비교하는 에이드리언의 박사학위 논문을 읽으며 자신의 가련한 열등함에 얼굴을 붉힐 것이다.

우리는 우리에게 모욕을 줬던 인간들의 고통과 수치심을 상상하면서, '다음번엔 그렇게 건방지게 굴지 못하겠지' 하고 생각한다. 하지만 좀 더 찬찬히 들여다보면 두려움이 밀려들면서 통쾌한 기분도 주춤할 것이다. 남의 인과응보에 잘난 척 고소해하는 심보야말로 인과응보를 초래하는 지름길이라는 걸 너무도 잘 아니까.

A. A. 밀른A.A. Milne의 곰돌이 푸 이야기 중 「티거가 폴짝폴짝 뛰어다니지 못하게 해요In which Tigger is Unbounced」에서 어느 여름날 오후 래빗과 푸, 피글렛은 푸의 집 앞에 앉아 그들의 작은 마을에 새로 들어온 못 말리는 까불이

티거에 대해 얘기를 나눈다. 푸가 몽상에서 깨어나자 래빗은 이렇게 말한다. "요즘 티거가 너무 까불어대니 혼을 좀 내줘야겠어. (…) 너무 심하잖아, 그게 문제야." 래빗은 계획을 하나 세운다. 티거를 깊은 산속으로 데려가 떼어놓고 온 뒤, 다음날 아침 그를 구해서 돌아오자는 것이다.

"왜?" 푸가 물었어요.
"그래야 겸손한 티거가 될 테니까. 슬픈 티거, 우울한 티거, 초라하고 안쓰러운 티거, '오, 래빗, 반가워' 하고 말하는 티거가 될 테니까. 그래서 이러는 거라고. (…) 티거가 단 5분이라도 초라하고 슬픈 기분을 느끼게 만들 수 있다면 우리는 착한 일을 한 거야."[9]

이 이야기의 결말은 대충 짐작이 갈 것이다. 길을 잃어 초라하고 슬픈 기분을 느끼는 건 래빗이다. 그리고 예의도 두려움도 모르는 티거가 래빗을 구해낸다.

5장

내가 더
사랑받아야 해

사 랑 쟁 탈 전 과
샤 덴 프 로 이 데

❧ 멀끔하게 잘생긴 남자 신입 사원이 포르노를 보다가
걸릴 때.

❧ 새 이웃이 즐겁고 신나는 인생을 자랑하며 우리를 기
죽게 만들더니 맥주 네 잔에 심하게 구토할 때.

❧ 어렸을 때 남동생은 생각할 일이 있으면 성냥개비를
이 사이에 물고 이리저리 굴리는 버릇이 있었다. 가끔
은 보란듯이 성냥개비를 입에서 빼내 내게 겨누기도
했다. 그러던 어느 날은 실수로 성냥개비를 삼키는 바
람에 병원에 가야 했다.

작가이자 심리 치료사인 필리파 페리Philippa Perry를 인터뷰하러 찾아갔을 때 그녀는 새 책을 위해 쓴 6000자를 컴퓨터 고장으로 날려먹은 참이었다. 필리파는 고맙게도 인터뷰를 취소하지 않았지만, 걱정 때문인지 이마를 잔뜩 찌푸리고 있었다. 그녀는 차를 끓인 다음 내 얼굴을 조심스럽게 살폈다. "어때요? 내 불운이 기쁜가요?" 나는 웃었다. "그럴 리가요!" 그땐 정말 그렇게 믿었다(혹시 내 컴퓨터도 고장나지 않을까 불안한 마음이 들었으니, 엄밀히 말하자면 그녀의 불행을 함께 안타까워한 것도 아니다).

하지만 나중에 깨달았다. 나는 인터뷰를 하는 동안 놀라울 정도로 마음이 편했고 심지어는 배짱도 두둑해졌다. 필리파가 워낙 사람들을 편안하게 해주는 능력이 탁월해서일 수도 있지만, 그녀에게 닥친 위기 덕분에 내가 평소보다 더 침착할 수 있었던 건 아닐까?

차를 홀짝이며 필리파가 말했다. "한 팀이나 가족끼리 하늘의 찌르레기처럼 함께 움직이는 건 아주 아름다운 일이에요. (…) 하지만 인간은 찌르레기떼와 달라서 제각기 다른 방향으로 나아가려 하고, 남을 희생시켜서라도 내 방향이 이기면 기분이 좋죠."

"왜 그럴까요?" 내가 물었다.

"사랑 때문이죠." 필리파는 당연하다는 듯 어깨를 으쓱하며 답했다.

"한번은 제 시골집 근처에서 아버지와 딸과 함께 산책을 하고 있었어요. 꽤 외진 곳이었고, (…) 내 딸은 예닐곱 살이었죠. 딸과 친구들은 소풍을 나가서 자기들끼리 모험을 즐기곤 했어요. 그런데 산책을 하던 도중에, 내가 샀던 세인즈버리 종이팩 주스와 똥 속에서 썩고 있는 내 냅킨들이 보였어요. '저게 뭐야, 플로?' 내가 봉투를 가리키며 물었더니 딸이 '죄송해요, 치우는 걸 깜빡했어요'라고 답하더군요. 그래서 우리는 그곳을 치웠어요. 나는 기분이 별로 안 좋았는데 아버지가 이렇게 말했어요. '바로 자기 잘못을 인정하다니, 얼마나 정직한 아이냐.' 그래도 내 기분은 안 풀렸어요. 그런데 그때 아버지가 이렇게 말하시는 거예요. '네 조카들하고는 다르게 말이다. 걔들은 정말 약았거든.' 내 동생의 아이들을 말하는 거였어요. 그 순간 얼마나 기분이 좋았는지 몰라요. 내 딸이 정직하다는 칭찬만 들었을 때는 느끼지 못했던 짜릿한 기쁨이 거대한 파도처럼 밀려드는 거예요. 아버지가 내 딸을 내 라이벌의 아이들, 내 동생의 아이들과 비교하니까…… 그런데 문득 이런 생각이 들더군요. '이 감정은 뭐지?' 그러고는 좋던 기분이 식어버렸죠. 우리는 항상 서로 비교당하면서 자랐거든요. 착한 딸, 나쁜 딸. 아버지가 나를 동생과 비교했을 때 내가 대단한 사람이라도 된 것 같은 기분이 들더라고요. 마치 어떤 부족의 왕이라도 된 것처럼요. 말도 안 되죠."

형제라는 라이벌

🜸 운동도 잘하고 인기 많은 동생이 학교에서 벌을 받거나 1년 내내 졸라서 산 비싼 헤드폰을 잃어버렸을 때.

🜸 가족 식사에서 부모님이 내 동생의 아이들이 귀엽다고 말하는데, 실은 동생네 아이들이 내 아이들보다 더 착하다고 돌려 말하는 소리처럼 들린다. 그때 동생네 아이가 초콜릿 범벅이 된 얼굴로 흐느껴 울면서 들어와 악을 쓴다. "할머니 미워!"

경쟁심이 깨어나는 정확한 순간을 짚어내기는 힘들다. 형제와 즐겁게 대화를 나누다가도 어떤 소식 하나에 열이 확 오르면서 형제를 이겨먹고 싶은 충동이 든다. 그렇게 하지 못하면 내가 뒤처지고 있는 듯한 기분에 열불이 나고 배알이 꼴린다. 이런 순간에 나쁜 소식이 들리면 당연히 행복해지면서 안도의 한숨이 흘러나온다.

페리는 이런 경쟁심의 근원이 어린 시절의 가족 관계와 애정을 갈구하는 강한 욕구에 있다고 말한다. 생존이 걸린 문제니까 말이다. 우리 조상들은 부모에게 인정을 받느냐 마느냐에 따라 생존이 결정되었는지도 모른다. 현대 서구의 형편이 넉넉한 가정에서도 사랑과 인정을 얻으려는 싸움이 벌어지고 있다. 창피해서 차마 드러내놓고 싸우지는 못하지만 말이다.

'형제간 경쟁sibling rivalry'이라는 개념은 19세기의 마지막 수십 년 동안 처음 등장했다. 형제간 불화가 비정상적인 일탈로 여겨지던 과거에, 신종 의료 전문가인 아동 심리학자들은 아이들이 자원과 관심을 얻기 위해 끊임없이 전쟁을 벌인다고 주장했다. 하지만 경쟁심 강한 아이가 '자존감'(이때는 새로운 개념이었다) 낮고 비협조적이며 '까다로운' 성인으로 자란다는 얘기가 나온 후로, 중산층 부모들은 자녀들에게 관심과 칭찬을 공평하게 나눠주라는 권유를 받았다. 한편 아이들은 형제의 실패를 고소해하지 말라고 교육받았다. 심리학자 펠릭스 애들러Felix Adler는 『아동을 위한 도덕 지침서Moral Instruction of Children』에 다음과 같이 썼다. "형제가 창피당할 때 좋아하지 말 것, 형제의 실수를 놀리지 말 것."[1] (나는 "꼬마 아가씨, 그렇게 실실거리지 말아요"라는 말을 자주 들으면서 컸다.)

물론 우리는 자라면서 철이 든다. 하지만 겉으로 보기에 화목하기 그지없는 형제 사이에서도 가끔 은밀한 기싸움이 벌어지고, 왕년의 라이벌이 휘청거릴 때면 우리 속에서 환희의 폭죽이 터지면서, 필리파의 말처럼 '부족의 왕'이 된 것 같은, 적어도 이전보다는 더 나은 인간이 된 것 같은 기분이 든다. 아이리스 머독Iris Murdoch도 이런 감정을 인지한 것이 분명하다. 머독의 소설 『잘린 머리A Severed Head』에서 마틴 린치기번은 아내가 떠났다는 소식을 이혼한 여동생에게 전하는 모습을 상상한다. 동생은 "형식적으로 괴로운 표정을 짓겠지만" 속으로는 "왠지 모르게 온 세상이 평화롭게 굴러가고 있다는 기분을" 느낄 것

이다.[2]

하지만 우리를 비교하며 키운 부모만 탓할 수는 없다. 우리는 자신을 옆 사람과 비교할 수밖에 없고 경쟁자가 져야만 내가 성공했다고 느낄 수 있는 세상에서 살고 있으니, 형제의 실패가 고소하게 느껴지는 것도 이상한 일이 아니다.

남들이 실패해야 해

자신의 내면을 들여다봐라, 남들이 뭘 하든 무시하고 자신만의 길을 가라. 이렇게들 말하지만, 잘나가는 것처럼 보이는 사람의 인생을 속속들이 파헤치고 거기에 비하면 우리 인생은 어떤가, 하고 의문을 던져본 적이 누구나 한 번쯤은 있을 것이다. "내가 성공하는 것만으로는 부족해. 남들이 실패해야지." 칭기즈 칸이나 고어 바이덜Gore Vidal 같은 사람들이 남긴 이 훈계를 들으면 대부분의 사람들은 인정하는 듯 씩 웃는다. 고결하다고는 할 수 없지만, 남의 실패와 비교하면 나의 성공이 훨씬 더 만족스럽게

느껴지는 것이 사실일까? 필리파와 나는 한 가지 실험을
해보았다.

　필리파는 영국의 한 잡지에 달마다 고민 상담 칼럼을
기고하고 있으며, 그 일을 정말로 좋아한다. 그녀가 알기
로는 다른 후보자가 없었다고 한다. 그래서 우리는 내가
그 일에 지원했다고 가정하고 어떤 느낌인지 알아보기로
했다.

필리파　『레드 매거진』에 고민 상담가가 있어야겠다는 생각
　　　　에 지원했어요.

나　　　오, 나도 고민 상담가가 있어야 한다고 생각해서 지
　　　　원했죠.

필리파　그래서 어떻게 됐어요?

나　　　뭐, 내가 그쪽에 연락해서 같이 점심을 먹었죠. 칼럼
　　　　샘플도 하나 썼고. 그런데 아무 연락도 없더라고요.
　　　　그래서 이메일을 두어 통 보냈는데 그러고 나서는
　　　　왠지 창피해져서…… 그래서 잡지사 쪽에서 고민
　　　　상담 코너를 아예 접은 줄 알았죠.

필리파　아니에요, 나한테 칼럼을 맡긴걸요.

나   아.

"이거 끝내주네요!" 필리파는 손뼉을 치고 웃으며 소
리쳤다. "기분 좋은데요! 다른 경쟁자 없이 그냥 그 일을
얻었다고 생각했을 때보다 더. 우리 한번 더 해봐요!" 이
번에는 필리파가 예전에 내 남편 마이클을 짝사랑했다고
가정해보기로 했다.

필리파   마이클이라…… 나도 그 사람 알아요. 정말 좋아했
        었는데.
나   어……
필리파   정말 섹시했어요. 내가 좋아하는 티를 그렇게 많이
        냈는데 그 사람은……
나   어, 그래요……
필리파   그 사람은 나한테 관심이 없었던 것 같아요.
나   저기, 마이클은 나랑 사귀었어요. 실은 결혼까지 했
        답니다.

필리파의 말이 맞았다. 기분이 정말 끝내줬다. "내가

안쓰럽지는 않아요?" 필리파가 물었다. "전혀요!" 나는 신나게 외쳤다. 또 한번 하고 싶다는 생각이 들었다.

"인간 본성의 추악한 면이죠." 필리파가 말했다. "우리는 아주 선한 사람들이에요. 다른 사람들과 달리."

결국 문제는 이거다. 우리는 어떻게 우리 자신의 가치를 매기는가? 사람은 자기보다 조금 못한 사람들에게 둘러싸여 있을 때 가장 행복하다는 사실을 보여주는 연구결과가 많이 나와 있다. 한 연구에서 심리학자들이 "남의 아이가 당신의 아이보다 못생긴 편이 좋나요, 잘생긴 편이 좋나요?"라고 물었을 때, 대부분의 사람들은 다른 모든 집의 아이들이 자기 아이보다 더 못생겼으면 좋겠다고 말했다. "당신의 아이가 못생겨도 상관없나요?" 그러자 그들은 "네"라고 답했다.[3]

그리 놀라운 일도 아니다. 실적이나 돈이나 지위를 끊임없이 비교하려 드는 것이 꼴사나워 보일 수도 있다. 하지만 아리스토텔레스부터 장 자크 루소까지, 미셸 드 몽테뉴부터 시몬 드 보부아르까지, 인간 심리에 관해 쓴 모든 이들은 구성원들이 서로 의존하는 소규모 집단에 살면 권력과 자원을 두고 경쟁하는 것이 불가피하다고 역설했다. 내가 성공한 일을 누군가가 실패할 때 우쭐해지는 건 어쩔 수 없다.

내가 노트북을 챙기고 모자를 쓰고 장갑을 끼는 동안 필리파는 자신이 인정한 모든 샤덴프로이데가 조금 꺼림칙하게 느껴진다고 말했다. "조금 찝찝하네요. 하루를 되돌아보다가 '이제 그 사람이 나를 어떤 인간으로 보겠어?' 하는 생각이 들 때처럼 말이에요." 나도 같은 생각이었다. "내 속내가 너무 많이 까발려진 기분이에요." 그전에도 사람들과 샤덴프로이데에 관해 대화를 나눈 후에는 꼭 이렇게 거북한 느낌을 서로 실토하거나 아니면 남에게는 발설하지 않기로 약속했다. 이 책을 구상하면서 처음 얘기를 주고받았을 때 편집자는 철저한 비밀 보장을 조건으로 작업하자는 제안까지 했다. 샤덴프로이데 클럽의 제1원칙이랄까……

물론 자신의 추한 본모습, 내가 '아주 좋은' 사람이 아닐지도 모른다는 수치스러운 가능성이 드러나는 것은 두려운 일이다. 어떤 선을 넘는 듯 흥분되면서도 두려운 기분이 들지도 모른다. 속마음을 들키는 데 대한 두려움에는 남의 심기를 건드리거나 우리의 안전과 생존을 보장해주는 신뢰 관계를 깨고 싶지 않은 심리가 깔려 있다. 우리는 수치심에 휩싸이면서 더 현명한 판단은 뭘까 고민하게 된다.

"우리가 해야 할 일은 샤덴프로이데를 알아차리는 거예요. 그걸 알아보는 법을 배우는 거죠." 페리가 말했다. "인정해야 해요, 심지어 다른 사람들에게도. 샤덴프로이데의 기미가 보일 때 이걸 이해해야 해요. '나는 지금 내 마음 편해지자고 남의 불안을 이용하고 있는 거야. 그럴 필요 없어. 자연스러운 일이긴 하지만, 그런 심리를 인식하기만 하면 막을 수 있어. 그럴 필요 없어. 그런다고 더 사랑받는 것도 아니고, 더 매력적인 사람이 되는 것도 아니니까.'"

나는 동감하며 그녀의 제안대로 해보기로 결심하고, 그 대화들을 어떻게 나누어야 하는지를 배웠다(에필로그에 그녀가 제안하는 방식이 실려 있다). 그녀의 말이 옳은 것 같았다. 샤덴프로이데는 자존감을 높이는 싸구려 방법일 뿐이다. 상처받는 사람이 아무도 없다 해도 씁쓸한 뒷맛이 남을 것이다.

그녀의 말이 귓가에 계속 맴돌았다. "그런다고 더 사

랑받는 것도 아니고, 더 매력적인 사람이 되는 것도 아니니까."

하지만 집에 도착해서 컴퓨터를 켰더니, 샤덴프로이데가 우리를 더 매력적으로 만들어주고 사랑을 얻게 해준다는 내용의 기사가 이메일 수신함에 와 있었다.

행복을 얻고 자존감을 높이는 방법

🦋 내가 꿈꾸던 음반 회사에 취직한 옛 친구가 페이스북에 끊임없이 자랑을 늘어놓고 있었는데 그 회사가 망했을 때.

🦋 제 잘난 맛에 사는 동료가 블로그 때문에 조금 유명해져서 어느 고급 서점에 강연을 잡았다가 표가 한 장도안 팔리는 바람에 행사가 취소됐을 때.

🦋 데이트 상대가 마음에 안 들었는데 이런 글을 읽었을 때. '한 여자가 데이팅 앱에서 한 남자를 만났고 남자의집에 가서 화장실을 썼다. 그런데 당황스럽게도 그녀가 싼 똥이 내려가지 않았다. 그녀는 허둥댄 나머지 똥

을 창밖으로 던지려 했다. 하지만 이중 유리창 틈새로 똥이 끼어버리고 말았다. 창문으로 올라간 그녀도 틀에 끼어버렸다. 결국 소방관들이 그녀를 구조해야 했다.'

가설은 단순했다. 성적인 경쟁자의 실패를 보면 우리 자신의 성적 매력이 더 크게 느껴진다. 한 실험에서 일단의 학생들은 친구들이 시험에서 부정행위를 하다가 들키거나, 미용실에서 자른 머리가 마음에 안 들거나 하는 불운을 겪는 사연을 읽었다. 여학생들은 다른 여학생이 안 좋은 과제 점수를 받을 때보다 외모와 관련된 불운(살이 찌거나 여드름이 났을 때)을 겪을 때 더 큰 샤덴프로이데를 느낀다고 답했다. 남학생들은 다른 남학생이 살쪘을 때보다 심리학자들이 말하는 '지위'를 상실할 때(시험을 놓치거나 세미나에서 바보 같은 답을 했을 때) 더 기분이 좋다고 답했다. 연구진은 적어도 대학생의 경우, 직접적인 성적 경쟁자가 전통적으로 여성적인 혹은 남성적인 매력으로 여겨지는 자질에 문제가 생길 때 가장 강한 샤덴프로이데를 느낀다는 결론을 내렸다.'

이런 발견은 꽤 맥이 빠지지만 심리학자들은 좀 더 흥

미로운 가능성을 보았다. 샤덴프로이데가 하나의 적응 행동으로 진화하여 우리의 배우자 물색에 도움을 줬다면? 여드름 난 사기꾼들 몇 명을 처리하는 것이 좋은 사람을 확보하는 데 도움이 될 뿐만 아니라, 샤덴프로이데가 약간의 자신감을 주기도 한다. 잠재적인 라이벌이 불운을 겪으면 그에 비해 내가 더 섹시하다는 생각이 든다. 그리고 내 매력 점수가 더 높아지면 당연히 자신감이 올라가고, 사람들을 유혹하고 데이트를 신청하는 그 끔찍한 일에 즐겁고 활기차게 임하게 되는 것이다. 누군들 그런 사람과 섹스를 하고 싶어하지 않겠는가?

우리가 남들의 불이익으로부터 심리적 이득을 얻는다는 생각은 이전에도 있었다. 제2차세계대전 동안 새뮤얼 A. 스토퍼Samuel A. Stouffer라는 사회학자가 진행한 군대 사기에 관한 연구에서, 미국 북부에 주둔한 흑인 병사들보다 남부의 흑인 병사들이 자신들의 삶에 더 만족하고 행복해했다.[5] 1940년대에 미국 남부는 여전히 인종차별이 심했는데도 말이다. 객관적으로 보면 환경에 큰 차이가 없었기 때문에 병사들은 남들과 비교하여 자기 삶의 질을 평가하고 있었던 것이다. 남부에 주둔한 흑인 병사들은 아주 힘들게 살고 있던 현지 흑인들과 비교했을 때 자신들이 비교적 운이 좋다고 느꼈다. 북부에 주둔한 흑인 병사들은 그들보다 더 큰 자유를 누리는 현지 흑인들에 비해 자신이 더 불행하다 느꼈다. 스토퍼는 이 현상을 '상대적 박탈 이론'이라 부르며, 실제적인 박탈보다 상대적인 박탈이 더 고통스럽다는 결론을 내렸다. (마르크스는 이렇게 말했다. "집은 클 수도 작을 수도 있다. 주변의 집들이 똑같이 작기만 하면, 주거에 대한 모든 사회적 요건이 채워진다. 하지만 작은 집 옆에 궁전 한 채가 서 있으면 작은 집은 오두막으로 줄어들어버린다."[6])

1980년대에 심리학자 톰 윌스Tom Wills는 상대적 박탈감이라는 개념에 대한 새로운 관점을 제시했다.[7] 우리가 자기보다 더 불운한 사람들과 자신을 비교함으로써 자존감을 올릴 수 있고, 또 실제로도 자주 그렇게 한다는 가설이다.

윌스는 다양한 전략을 파악했다. 첫째, 타인을 은밀히 폄하함으로써 자신의 기를 살린다. "그 사람이 나보다 돈은 더 많이 벌지 몰라도 내 직업이 훨씬 더 의미 있는 일이야." 둘째, 다른 사람의 성취를 면전에 대고 고의로 깎아내린다. "연봉 오른 거 축하해!" 그러고는 나중에 이렇게 덧붙인다. "작년에 너희 회사에서 정리해고 당한 사람 엄청 많더라?" 가장 흔히 쓰이는 세번째 전략, 자기보다 더 힘든 시간을 보내고 있는 누군가의 자세한 사정을 들을 수 있는 기회가 생기면 절대 놓치지 않는다. "어머, 직장에서 잘렸대? 안됐다…… 무슨 일이 있었는데?" 어려운 시기를 보내고 있는 자들에게 끌리거나 이웃이 최근 당한 비극에 대해 수군거리기를 좋아하는 사람들은 언제나 있었다. 이제 여기에는 이름이 붙었다. '하향 사회 비교.' 자기보다 상황이 좋지 않은 사람과 비교함으로써 자존감을 높이는 것이다.

흠 하나 없이 여과된 이미지들, 신나는 파티에 대한 일화들이 끝없이 올라오는 소셜 미디어는 자존감을 떨어뜨리는 원흉으로 욕을 먹고 있다. 하지만 소셜 미디어를 통해, 자신보다 더 힘든 사람들과 비교하여 자기 평가를 높일 수 있는 기회에 대해 얘기하는 사람은 거의 없다.

윌스의 이론이 발표되고 1년 뒤, 또 다른 사회학자 셸리 E. 테일러Shelley E. Taylor와 연구진은 암환자들을 대상으로 한 장기 연구의 결과를 발표했다.[8] 인터뷰를 하는 동안 환자들은 물어보지도 않았는데 자기보다 더 힘든 가상의 사람들과 자신을 비교하는 일이 많았다. "도와줄 가족이 없다고 상상해보세요." "병원이 몇 킬로미터나 떨어져 있다고 상상해보세요." 이런 가상의 비교에는 상당한 노력과 창의력이 필요하며, 테일러는 이런 심리적 도구 덕분에 아무리 무서운 위협이 닥쳐도 우리가 대처할 수 있는 것이라고 생각했다. 우리는 고마운 일이 없더라도 감사하는 마음을 만들어낸다. "그래도 이 정도라서 다행이야……"(자라면서 많이 들었던 말도 있잖은가. "아프리카에서 굶어 죽어가는 아이들을 생각해봐.") 제2장에서 이야기했던 루크레티우스의 이론이 떠오른다. "내가 불운을 면했다는 사실이 기쁘지 아니한가." 차이점이 있다면, 테일러가 인터뷰했던 환자들은 자기보다 상황이 나쁜 사람들을 상상으로 만들어내고 있었다는 것이다.

인터넷의 건강 관련 게시판을 검토한 좀 더 최근의 연구는 꽤 복잡한 결과를 보여준다.[9] 자기보다 더 아픈 사람들을 보면 어느 정도 위로가 되지만, 더 심각한 병에 관해 들으면 오히려 불안해질 수도 있다는 것이다. 자신의 인생을 통제하고 있다는 느낌이 중요하게 작용하는 것이다.

윌스는 자존감이 낮을수록 남들의 고생담에 더 끌리는 경향이 있다고 생각했다. 정신적인 격려가 훨씬 더 많이 필요하니 말이다. 하지만 최근의 연구들에 따르면, 오히려 자신감 넘치는 사람들이 남들의 어려움으로부터 가장 큰 이득을 얻는다고 한다. 그들은 자신의 인생을 주도하고 있다는 느낌이 더 강하기 때문에, 남들에 비해 운이 좋은 것을 어느 정도 당연하게 여긴다. 거꾸로, 자신감이 떨어지는 사람은 통제감이 부족하기 때문에 자기보다 상황이 안 좋은 누군가를 보면 결국 자기도 그들과 똑같은 처지가 될 거라 생각한다(그 불운한 사람에게 강한 동질감을 느낄수록 더욱 그렇다).

분명 우리가 남들의 나쁜 소식을 받아들이는 데에는 여러 다양하고 복잡한 방식이 있다. 하지만 때로 남들의 위기를 들으면 힘이 나기도 한다는 건 비밀이 아니다. 사실 가끔은 남들의 기분을 풀어주려고 우리 자신의 불행을 기꺼이 털어놓기까지 한다.

- 전 남자친구의 결혼 사진에서 신부의 얼굴을 확대해서 보다가 '좋아요'를 눌러버리고 만다.

- 버스에서 졸다가 깨어났는데 한 꼬마가 말한다. "아빠, 저 아줌마 좀 봐, 침 흘리고 있어!"

- 술집에서 술김에 어떤 남자에게 작업을 거는데 그가 헛기침을 하더니 내 바지 뒤쪽에 휴지가 껴어 있다고 정중하게 알려준다.

기분이 가라앉을 땐 격려나 기분 전환이 필요하다고 들 한다. 한참 잘못된 생각이다. 나 자신의 고민은 우스워 보일 만큼 터무니없이 끔찍한 이야기를 듣는 것이야말로 최고의 명약이다.

2008년, 프랑스에서 세 명의 컴퓨터 프로그래머가 만든 viedemerde.fr(똥덩어리 인생)이라는 사이트는 그 영어 버전인 fmylife.com(fuck my life, 엿같은 내 인생)과 함께 이 현상을 세계적 규모로 일으켰다. 사이트 방문자들은 자신의 실패담을 올렸고, 더 비참한 사연일수록 더 환영받았다. 사소한 일(자기 글을 리트윗하는 사람들)에서부터 중대한 사건(버스에서 내 어깨에 기대어 졸고 있던 할머니가 알고 보니 죽었더라)까지 수많은 사연들이 쏟아져들어왔다. 구독자들은 사연 게시자가 그런 불운을 당해도 싼지, 혹은 그의 인생이 정말 엿같은지 투표를 한다.

이 사이트는 세계 경제 침체가 시작되고 이라크에서 계속 전쟁이 일어나고 있는, 모순적이고 불만 가득한 시대 분위기를 포착해냈다. 세계적인 재앙 앞에서 사람들은 사춘기 감성의 극적인 사건들을 떠들고 분개하며, 상대적으로 사소한 불행을 앞세워 남에게 질세라 요란하게 우는 소리를 해댔다. fmylife.com은 안 그래도 불만족스러운 시대에 사람들을 자칭 '패배자들'로 만들어 이유 없는 수동성, 피해 의식, 무기력함의 문화를 조장하고 있다는 비판을 받았다. 하지만 이는 인색한 평인 것 같다. 사람들의 질투를 유발하기보다는 자기를 희생하여 남들에게 위로의 샤덴프로이데를 느낄 기회를 주다니, 감탄스럽지 아니한가. 게시판에 올라온 글들을 읽으면 나의 나날이 조금 더 행복하게 느껴진다.

우리는 이렇듯 자신의 실패를 남들의 웃음거리로 바

치기도 한다. 새로운 스포츠 팀에 가입하거나 새로운 일을 시작할 때를 생각해보라. 대부분의 사람들은 새로운 환경에 빨리 적응하고 덜 위협적인 존재로 보이기 위해 자기비하적인 농담을 많이 한다. 블랙 유머 또한 자신의 고통을 전면에 앞세워 웃음거리로 만드는 방식으로, 자기 자신이나 관객 모두에게 편한 분위기를 만들어낸다. 2000년대 후반, 남아프리카공화국 더반에 에이즈 환자를 지원하기 위한 합창단이 만들어졌다.[10] 무척 금기시되는 질병인 만큼 그것을 둘러싼 농담들은 저속하기만 했다. 합창단원들은 이 농담들의 용도를 바꾸어, 서로의 증상을 조롱하고 자신의 증상이 더 심각하다고 자랑하고 가장 상황이 좋지 않은 자를 놀렸다. 이렇듯 우리의 고통으로 남들에게 웃음을 주는 것이 병을 감당하는 한 방법이 될 수 있다. 1장에서 이야기한 폭소와 슬랩스틱에 관한 연구가 보여주듯, 통증 저항력까지 높여준다.

이뿐만 아니라, 고통을 조롱하는 것은 여전히 전세계 수많은 곳에서 전통 의료 요법으로 사용되고 있다. 인류학자 로라 셔버거Laura Scherberger가 가이아나 북부 루푸누니의 마쿠시족과 함께 살 때 마을 여자들과 축구를 하다가 무릎을 다치자 한 주민이 마을의 피야만(샤먼)인 마그누스를 찾아가보라고 제안했다.[11] 로라는 대초원을 힘들게 걸어간 끝에 마그누스와 그의 아내 '그래니'를 만났다. 그들은 열대우림 속에서 친척들로 꽉 들어찬 작고 어두운 집에 살고 있었다. 마그누스는 로라의 무릎과 행복하게 '결혼한' 통증을 설득해서 떠나보내야 한다고 했다. 마그누스가 의식을 행하는 동안 그래니는 해먹에서 일어나 통증에 욕설과 저주와 조롱을 퍼부었다. 아이들을 비롯한 다른 사람들도 합류해서 통증을 비웃듯(그리고 알 수 없는 이유로 흘러내린 그래니의 옷을 보고) 미친듯이 키득거렸다. 의식의 말미에 무릎이 괜찮아졌느냐는 질문을 받았을 때 로라는 놀랍게도 정말 나은 느낌이 들었다.

피야만의 의식을 경험할 사람은 많지 않겠지만, 기분이 우울할 때 믿음직한 친구의 세심한 작은 장난이 도움이 된다는 걸 모르는 사람은 없다. 그리고 우리 대부분은 힘들어하는 친구를 조금이나마 위로하기 위해 우리 자신의 가장 끔찍한 불행을 기꺼이 제물로 바친다. 위안과 동지애, 그리고 삶의 고통과 일시적으로나마 그것을 덜고픈 욕구에 대한 공감이 함께하는 순간이다.

흠 하나 없이 완벽해 보이고 우월해 보이는 인간도 중요한 순간에 방귀를 뀌거나 생일 파티에 아무도 오지 않는 망신을 당하기도 한다. 다른 사람들도 우리처럼 나약해지고 절망에 빠지는 순간이 있다는 사실을 알아야 한다. 우리만 실패하는 건 아니다. 누구나 실패를 겪는다.

6장

잘나가더니
꼴좋네

시 기 심 과
샤 덴 프 로 이 데

❧ 친구가 비싼 생수를 사자마자 옷에 흘려버릴 때.

❧ 겁쟁이들이나 주차 금지 구역을 지킨다고 큰소리치던 친구가 단속에 걸릴 때.

❧ 걸으면서 신나게 문자를 보내던 친구가 미처 피하지 못하고 나무에 부딪힐 때.

❧ 친구가 새 휴대전화를 사서 최첨단 기능을 계속 자랑했는데, 그 기종의 배터리가 자연 폭발한다는 기사가 뜰 때.

❧ 친구가 가을 숲에서 새 남자친구와 같이 귀엽게 누워

있는 사진을 소셜 미디어 계정마다 올려놨는데, 두 사람의 머리 바로 위에 똥 한 덩어리가 보일 때.

빈 포도주 병들에 깜박이는 촛불이 비치는 식탁에서 그가 몸을 앞으로 기울이며 말했다. "친구들이 나보다 잘나갈 때 열받아, 엄청. 정말 싫다니까." 나는 웃음을 터뜨렸다가 어색하게 한번 더 웃었다. 우리는 내 남편의 학창 시절 친구네에서 저녁 식사를 하고 있었다. 변호사로 크게 출세한 그 친구는 우리와는 아주 다른 인생을 살고 있다. 또 다른 남편 친구는 술에 취해 팔을 휙휙 저으며 계속 떠들어댔다. "나는 친구들을 사랑해. 정말이야. 그런데 걔네 자식들이 우리 애들보다 공부를 더 잘해. 걔네가 나보다 돈을 더 잘 벌지. 사는 집도……" 그의 두 눈이 번쩍거리는 콘크리트 바닥과 거대한 창문들을 휙 훑는다. "걔네는 좋은 차를 몰고 다녀. 어떻게 시간이 나는지 운동까지 하더라고. 탈모도 없고. 학교 다닐 땐 대등한 위치였지. 심지어는 내가 더 잘나가던 때도 있었어. 성적도 좋았고. 우리 패거리에서 여자친구도 내가 제일 처음 생겼고. 그런데 녀석들 생일 챙겨주고 총각 파티 열어주고 나니 어느새 녀석들이 나를 추월해서 쌩 달려가버렸지 뭐야." 그가 손으로 머리를 문질렀다. 나는 그의 머리가 얼마나 많이 빠졌는지 보지 않으려 애썼다. "친구들이 잘되는 게 싫어. 그런데 그게 또 죄책감이 든단 말이야, 엄청." 이 순간 공교롭게도 식탁에 침묵이 감돌았다. "참! 이분이 샤덴프로이데에 대한 책을 쓰고 계시잖아." 그는 변명하는 척했지만 목이 붉어지고 있었다. "너희 중 누가 잘못된다고 해서 내가 기뻐할 일은 절대, 절대 없을 거야."

우리는 고통스러운 사건이 불시에 일어나거나 우리가 이길 것 같은 생각이 들 때 샤덴프로이데를 느낀다. 누군가가 마땅한 벌을 받을 때, 거만한 사람이 고통받을 때 샤덴프로이데를 느낀다. 우리는 형제자매들에게 샤덴프로이데를 느끼며, 심지어 타인들을 대신해서 느낄 때도 있다. 하지만 제일 잘나가던 친구의 좌절만큼 달콤하면서도 찝찝한 샤덴프로이데를 불러일으키는 일도 거의 없다.

몽테뉴는 진정한 우정은 희귀하고 순수하다고 썼다. 랠프 월도 에머슨은 진정한 우정에는 진정한 심파티코 sympatico, 즉 "두 영혼의 절대적인 합일"이 필요하다고 했다.[1] 친구란 기쁨을 함께 나누고 슬픔을 위로해주는 존재

라지만, 누구나 알듯이 항상 그러한 건 아니다. 친구를 위로해줄 수 있는 자신이 뿌듯하고, 친구가 기대어 우는 어깨가 내 어깨라서 우쭐하기도 하고, 도움이 되고 친절하며 위기에 강한 사람으로 자아상을 재정립할 수 있는 기회가 반가울지도 모른다. 우리는 자기만족적인 즐거움이 연민과 공존할 수 있다는 걸 알지만, 모르는 사람도 있다. 18세기 철학자 애덤 스미스는 소위 친구라는 사람들이 자신에게 완전히 진심으로 공감하지 않을지도 모른다는 생각에 분개하여 이렇게 맹세했다. "내게 닥친 불운을 동정하지 않거나 내가 느끼는 슬픔에 공감할 수 없다면 (…) 우리는 더 이상 이야기를 나눌 수 없다."[2] 스미스가 진실을 알았다면 꽤 외롭게 살았겠구나 싶은 생각이 드는 건 어쩔 수 없다.

가까운 친구에게 사별, 추잡한 이혼, 아이의 병 같은 비극이 닥쳤을 때 고소해하는 사람은 없을 것이다. 하지만 친구가 자랑하던 무언가가 잘못됐을 때, 그러면 안 된다는 걸 알면서도 살짝 통쾌함을 느꼈던 경험이 다들 한 번쯤은 있을 것이다. 친구네 집에 놀러가서 갓 타일을 붙인 호화로운 욕실을 보는 순간 나 자신이 초라하게 느껴진다. 그런데 그때 친구 남편이 다한증 때문에 사용하는 특별한 데오도란트가 눈에 띈다. 친구가 3마력 모터와 5단계 속도 설정, 친환경 터치패드, 불빛이 들어오는 LCD 화면을 갖춘 새 믹서기로 완벽한 수프를 만들어주겠다고 난리다. 그러고는 뚜껑을 제대로 닫는 걸 잊어버리고 만다. 친구의 새 차가 귀신이라도 나올 것처럼 으스스하게 삐걱거리고, 친구의 캐시미어 점퍼가 나방들의 공격을 받는다. 친구는 정말 멋진 부모라 자녀들을 콘서트에 데려갔다가("별거 아니야! 재미있을 거야!") 무슨 전쟁터라도 다녀온 것처럼 사색이 된 얼굴로 돌아온다. 친구가 작은 국가의 독재자라도 모시듯 지극 정성으로 키우는 고양이가 친구를 거절하고 내 무릎으로 올라온다. 이렇듯 친구들이 겪는 비교적 사소한 불운들이 우리를 구원해준다.

물론 우리는 그 욕실과 그 믹서기, 그 차, 그 캐시미어, 그 고양이를 원한다. 그리고 아이들을 데리고 콘서트에 가는 그런 부모가 되고 싶다. 우리는 우리가 바라는 것을 가진 사람들을 부러워하고, 우리가 상상하는 인생은 당연히 우리의 것이다("도공은 도공을 시기한다"라고 아리스토텔레스는 썼다). 샤덴프로이데의 강렬한 환희를 통해 우리는,

우리에게는 없고 그들에게는 있는 모든 것을 일시적으로 나마 보상받는다. 그러고 나면 삶의 의욕이 조금 더 올라간다.

신랄하고 재기 넘치는 격언들로 헛된 망상의 파괴자라는 명성을 얻은 17세기 프랑스 귀족 프랑수아 드 라로 슈푸코François de La Rochefoucauld는 그 사실을 잘 알고 있었다. 친구에게 실망스러운 일이 생겼을 땐 대처하기가 그리 어렵지 않다고 그는 썼다. 견디기 힘든 건 친구들의 성공이다. 그래서인지 "절친한 친구들이 역경에 처했을 때에도 우리는 불쾌하지 않은 무언가를 발견한다."[3] 라로슈푸코는 그의 살아생전에 출간된 『잠언과 성찰Réflexions ou sentences et maximes morales』의 개정판에서 이 뼈아픈 진실의 구절을 삭제해버렸다. 솔직하기로 유명한 그였지만 친구들이 읽고 싫어할까 봐 신경쓰였던 것이 분명하다. 겁쟁이!

가만…… 나는 멈칫했다. 그리고 읽고 있던 정치학과 샤덴프로이데에 관한 논문(마지막 장에서 이야기할 것이다)의 저자인 켄터키대학의 심리학자 리처드 H. 스미스Richard H. Smith에게 서둘러 이메일을 보내 털어놓았다. "내가 쓰고 있는 주제를 이야기하면 친구들은 처음엔 웃다가, 그

의미를 설명하면 다들 표정이 불편해지기 시작해요."

"네, 맞아요." 그가 답했다. "나도 똑같은 일을 겪었거든요."

친구의 찬란한 인생

- ✘ 밥 짓기가 쉽다던 친구가 위는 질고 밑은 탄 밥을 내놓을 때.
- ✘ 잘난 척 심한 룸메이트가 곧 텔레비전에 출연한다며 오랫동안 자랑하더니 유튜브 스타 시추에게 밀려날 때.
- ✘ 페이스북 친구가 자기와 애인은 서로 구속하지 않는 관계이고 자기는 무척 개방되고 감정적으로 성숙한 사람이라 절대 질투하지 않는다고 잘난 체하더니, 일주일 후 애인 전화기를 몰래 보다 들켜서 헤어졌을 때.

삶의 방식이 서로 달라질 때 우정은 가장 심하게 흔들린다. 대학 시절에 함께 아르바이트를 했던 사람이, 내 동전을 빌려서 담배를 사던 사람이, 지금은 고액 연봉을 받으며 부촌에서 산다면. 나는 처음 취직한 회사에서 여전히 월급의 노예로 일하고 있고 여전히 미혼이며 여전히 일요일 아침마다 숙취 상태로 깨어나고 있는데, 가장 친한 친구는 세 아이를 입양해 교외로 이사했고 마라톤을 하고 '스카이프를 통한 인생 상담'으로 돈을 벌고 있다면.

친구의 성공을 지켜보면 착잡한 기분이 드는 건 어쩔 수 없다. 내가 뒤처지고 있는 건 아닌가, 포부도 없이 대충 살고 있는 건 아닌가 불안해진다. 친구는 큰 노력도 없이 잘나가는 것 같아 분하다. 친구의 화려한 새 인생에 내가 낄 자리가 없을까 봐 두렵고, 그래서 친구가 내 문자에 답을 하지 않거나 막판에 약속을 깰 때마다 과민한 반응을 보이게 된다. 친구는 승승장구하고 나는 궁상맞게 살고 있는 현실이 불공평하다는 억울함과 함께 찾아오는 자격지심이 샤덴프로이데에 부채질을 한다.

우리는 위기에 처한 나약한 자아상을 위로하고자 친구의 작은 실패를 찾아 균형을 바로잡으려 몸부림친다. 탐스러운 포도가 너무 높이 달려 있어서 딸 수 없자 너무 시어서 못 먹는 포도라고 단언해버리는 이솝 우화의 여우처럼, 우리는 친구의 성공에 끔찍한 대가가 따랐을 거라고, 그러니 성공이라고 보기도 뭣하다고 속으로 중얼거리며, 새롭게 찾은 친구의 고통에 집착한다. 친구가 엄청난 승진을 했다면? 우리는 곰곰이 생각한 끝에 이런 결론을 내린다. "저것 봐, 너무 피곤해 보이잖아. 승진한다고 다 좋은 건 아니라니까." 또 다른 전략이 있다. 어느 날 저녁 나보다 훨씬 더 멋진 인생을 살고 있는 친구와 만났다면? 집으로 가는 기차 안에서 우리는 그 친구의 인생이 쓰레기 같은 이유를 하나씩 꼽기 시작한다. "그 집은 크기만 하고 인간미가 없어." "많이 버는 건 알겠는데 근무 시간이 왜 그렇게 많아? 게다가 매일 도시로 출근한다고? 나라면 못 해." "나한테 그만한 돈이 있으면 그런 데(자동차, 정장, 텔레비전) 안 쓰겠다."

친구의 찬란한 인생에 약간의 흠집을 내고 싶어 이런 핑계를 만들어낼 때 우리는 그리 큰 수치심은 느끼지 않는다. 소셜 미디어에서 완벽한 모습으로 여과된 인생들만 보이는 이 시대에 누군가를 인간으로 느낄 수 있는 유일한 방법은 그들의 실패를 보는 것이다. 시기심(envy, '우러러본다'라는 뜻의 라틴어 '인비디아invidia'에서 유래했다)은 남의 물건, 자질, 성취를 탐내는 욕망이다(질투의 대상은 사람이다). 그리고 복잡한 현실을 밑에 감추고 있는 번쩍이는 겉가죽에 더 강하게 불타오른다. 시기하면 남의 성공은 더욱 커 보이고 자신의 성공은 더욱 하찮게 느껴진다. 카시우스가 율리우스 카이사르에게 통렬히 느꼈던 감정이 바로 그랬다. 카시우스가 보기에, 죽마고우이자 동배였다가 이제 로마의 최고 권력자가 된 카이사르는 신과 같은 권능을 지니고 있었고, 그에 비하면 자기 자신은 한심하기 그지없었다. "그는 좁은 세상에 거인상처럼 우뚝 서 있고, 우리 하찮은 인간들은 그의 거대한 다리 밑을 걸어 다니며 비루한 무덤 자리를 찾아 주변을 두리번거리지."[4]

이런 경험은 누구나 있다. 수영장 옆에서 칵테일을 홀짝이고, 눈 덮인 산을 오르고, 수도원에서 요가를 하는 모습이 담긴 친구의 셀피를 멍하니 보고 있자면, 크리스마스에 고모네 집 소파에 앉아 토스트를 먹었던 기억이 또다시 떠오르면서 비참해진다. 이때 잠깐 스쳐지나가는 샤덴프로이데는 시기심을 누그러뜨려 적의와 앙심으로 변하지 않도록 막아주기도 한다. 그리고 우리가 유명 인사들을 지켜보며 모순되고도 심히 자기 학대적인 감정을 느낄 때에도 샤덴프로이데의 이 역할이 절실히 필요하다.

유명인들의 몰락

- ✈ 소년다운 매력으로 인기를 끌던 배우가 대로에서 매춘부와 놀아나다가 걸린다.
- ✈ 할리우드의 근육질 배우가 고난도 액션 연기를 자기가 직접 한다고 자랑하자 토크쇼 진행자가 답한다. "수영 못 한다면서요!"
- ✈ 엄청 높은 하이힐을 신은 슈퍼모델이 패션쇼 무대에서 넘어진다.

연예인들의 인터뷰를 읽을 때마다 아주 잠깐이지만 할리우드의 최고 배우가 조금은 친근하게 느껴지는 순간이 있다. 연예 기자들은 연예인들의 '솔직담백한' 얘기로 그런 느낌을 만들어내는 데 능하다. 가냘픈 몸매의 모델이 운동을 싫어하고 오레오 쿠키의 크림을 핥아 먹는다. 유명한 배우가 자녀를 등하교시키느라 애를 먹는다. 이런 일화를 들으면 우리나 그들이나 똑같은 인간이라는 생각이 든다. 하지만 그 뒤에 바로, 그들이 바하마에 집을 사고 발렌티노 드레스를 입고 아카데미 시상식에 간다는 내용을 읽는 순간, 일시적으로 줄어들었던 간극이 갑자기 확 벌어지면서 머리가 아찔해진다.

예전부터 사람들은 부유하고 유명한 사람들의 삶, 특히 그들이 규칙을 교묘히 피해가려 시도하는 이야기에 매력을 느꼈다. 16세기부터 19세기까지 길모퉁이나 술집에서 큰 인기를 끌었던 '브로드사이드 발라드'*는 살인과 인과응보 같은 자극적인 사건을 노래하고 운명의 급반전이라는 소재를 즐겨 사용했다. 그중 가장 유명한 〈네 명의 메리The Fower Maries〉는 스코틀랜드 메리 여왕의 시녀인 아름다운 귀족 여인이 왕의 정부가 되어 임신을 하고, 갓 낳은 아기를 죽인 다음 파티에 갔다가 곧장 교수대로 끌려가 처형당하는 이야기이다. 아마 허구였겠지만, 잘 찾아보면 현실에도 그런 흥미진진한 일이 많았다. 1751년 이탈리아의 아마추어 배우이자 작가였던 프란체스코 알베르가티 카파첼리 후작의 아내는 남편의 발기 불능을 폭로하며 이혼하려 했다. 당시 사람들의 입방아에 신나게 오르내렸던 선정적인 내용의 이혼 소송 절차가 지금까지 기

---

* broadside ballad. 한 면만 인쇄하는 커다란 종이인 브로드사이드에 인쇄된 대중시로, 최근에 일어난 범죄나 재난 같은 시사 문제를 다룬 삼류 발라드를 실었다.

록으로 남아 있다. 분개한 카파첼리는 하인을 증인으로 요청했고, 그 하인은 "성기가 완벽하게 발기된 채로 침대에서 나가시는 후작님을 서너 번 봤다"라고 증언했다.[5]

위세 등등한 자의 몰락을 보고 우월감을 느끼고픈 갈망은 오래전부터 있었을지 몰라도, 현대의 유명인들은 그들 나름의 혹독한 유명세를 치르고 있다. 연예 잡지나 인터넷 기사에서 조롱과 비아냥에 시달리고, 그들의 파경과 중독, 음주 운전은 광적인 억측의 먹잇감이 되며, 유명인을 대하는 우리의 태도는 최악으로 치닫는 샤덴프로이데의 실체를 고스란히 보여준다. 수프를 잘못 주문하고 조금 실망하는 연예인? 뭐, 그러든가 말든가. 암에 걸렸을까 걱정하는 와중에 제일 친한 친구가 그녀를 배신하고 애인과 동침했다는 사실을 알고 자동차 추돌 사고를 낸 연예인? 바로 이거지! 극적인 위기에 처하는 유명인을 보고 싶어하는 이런 야만적인 욕망은 왜 생기는 걸까?

우리는 친구의 불행을 보면서 우리보다 잘나가는 그들의 인생을 어떻게든 받아들일 수 있게 된다. 하지만 유명인의 고통을 파헤칠 때는 우리가 그들에 비해 아름답지도 재주가 뛰어나지도 않다는 사실을 상쇄하는 데 만족하는 것으로 그치지 않는다. 거기에는 처벌의 의미도 있다. 과거의 귀족들과 달리 현대의 유명인들은 엄청난 특권과 영향력을 타고나는 경우가 드물다. 한때는 그들도 우리와 별반 다르지 않은 인간이었을지 모른다(오히려 우리의 팔자가 아주 달랐다면 우리가 그들이 될 수 있었을지도). 한편으로는, 우리와 똑같은 평범한 사람이 자수성가한 사연을 들으면 기분이 좋고 그들에게 친근감을 느끼고 싶다. 다른 한편으로는, 우상처럼 찬양받는 그들이 밉고, 그들이 그런 인기를 누릴 자격이 있는지 시험받고 가능한 한 극적으로 몰락하는 순간을 고대한다.

대로변에서 술에 취해 인종차별적인 망언을 퍼붓는 모습이 찍힌다거나, 동료 배우의 남편을 빼앗으려 했다는 혐의를 받거나, 더 많은 관심을 받으려고 정치적인 의견을 피력하는 듯한 연예인이 있으면, '틀린 철자를 트위터에 올리거나, 이베리아인지 리베리아인지 이비자인지 구분 못하고 엉뚱한 소리만 지껄여봐, 당장에 달려들어줄 테니까' 하는 심정이 된다. 우리가 화려한 면모 뒤의 초라한 속사정을 들으며 즐거워하는 것은, 이 유명인들을 우리와 같은 인간으로 보고 싶어서라기보다는 실격자로 취급하고 싶어서이다.

그래서 유명인들이 자기 인생을 스스로 망치고, 제 복을 걷어차고, 그들에게 명성을 가져다준 재능을 낭비하는 모습을 통쾌하게 지켜본다. 브리트니 스피어스의 팬들은 빡빡 깎은 머리에 마스카라가 뺨까지 번진 얼굴로 맥도널드에서 비틀거리며 나오는 그녀의 사진에 큰 충격을 받았다. 하지만 나머지 사람들은? 속으로 기분 좋게 환호를 지른다. 세계적인 팝스타로 빵 뜨더니 기고만장해져서 저렇게 무너져버렸네.

'이렇다 할 이유 없이 유명해진 사람'에게 느끼는 샤덴프로이데야말로 가장 황홀하다. 〈빅 브라더〉*의 첫 시즌이 방송되었을 때가 기억난다. 그때는 프로그램이 일종의 기분 나쁜 심리학 실험처럼 느껴질 만큼 크게 자극적이지 않았다. 그런데 내스티 닉Nasty Nick이라는 사람이 문제였다. 그는 거짓말을 하고, 다른 참가자들을 조종하고, 허풍을 떨었다. 그가 국민 방위군에서 3년 동안 복무했다

---

* 〈Big Brother〉. 네덜란드를 시작으로 여러 나라에 방송되고 있는 리얼리티 프로그램. 참가자들이 한집에 갇힌 채 생활하며 24시간 내내 카메라로 행동을 감시당한다. 투표를 통해 쫓아낼 사람을 정하고, 마지막까지 남는 사람이 우승자가 된다.

고 말하자, 제작진은 정원에 군대식 돌격 훈련장을 급하게 만들어 그룹 과제를 냈다. 다른 참가자들은 모두 정글짐을 통과했지만, 닉은 이리저리 몸부림치다 결국에는 떨어지고 말았다.

내스티 닉은 시청자들이 정말 보고 싶어하는 건, 누군가가 남을 속이고 조종하려다가 발각되는 모습임을 방송사에게 가르쳐준 셈이다. 유명해지고 싶어 안달난 괴짜가 시청률 효자라는 사실을 깨달은 방송사들은 그 괴짜들이 유발하는 샤덴프로이데를 이용해먹는 법을 배웠다. 물론, 샤덴프로이데를 사랑하게 된 사람들은 방송사 간부들만이 아니었다. 프로그램 참가자들은 실수를 통해 미디어의 관심을 받고자 수작을 부리기 시작했다. 예를 들어, 다이애나 왕세자비의 전 집사 폴 버렐Paul Burrell은 〈난 유명인이야, 여기서 꺼내줘〉*라는 프로그램에서 극적인 상황을 연출하기 위해 비위가 약한 모습을 과장되게 보여줬지만 결국 어리석은 인간이라는 인상만 남겼다. 실수 동영상과 마찬가지로, 설정의 냄새가 풍기면 바로 공격이 가해진

---

* 〈I'm a Celebrity⋯ Get Me Out of Here〉. 영국의 리얼리티 프로그램으로, 여러 명의 유명인이 몇 주 동안 정글에서 함께 지내면서 '정글의 왕' 자리를 놓고 경쟁한다.

다. 우리가 보고 싶은 건, 자기 행동이 얼마나 나쁘게 보이는지 전혀 모르는 괴짜들이다.

삼류 연예 신문만큼 돈벌이를 위해 샤덴프로이데를 노골적으로 이용해먹는 분야도 없다. 그들은 깨어나 보니 스타가 됐다가 오만과 굴욕으로 몰락하는 사람들의 파란만장한 사연을 끊임없이 찾아다닌다. 우리는 그런 신문이 유명인들을 조종하고 방해하고 심지어는 두려움에 떨게 만든다는 사실을 알면서도, 성형수술로 얼굴이 망가진 연예인의 이야기를 양심의 가책 없이 즐긴다. 1957년 영화 〈성공의 달콤한 향기Sweet Smell of Success〉에서 뉴욕의 칼럼니스트 헌세커는 연예인 홍보 대행업자인 비열한 팔코에게 호통을 친다. "당신은 경멸스러운 악질이야! 인간 말종, (…) 국가적인 수치라고!"[6] 왠지 우리가 뜨끔해진다.

하지만 생각해보자. 우리는 유명인의 몰락을 비웃으면서, 우리의 조롱이 그들의 기세를 꺾어놓는다고 믿을지도 모른다. 우리가 그를 해고한 거라는 막연한 느낌과 함께 '이제 그 인간도 끝이구나!' 하고 생각할지도 모른다. 유명인은 변덕스럽기 그지없는 '대중의 사랑'을 먹고 살고, 우리가 바로 그 대중이니 말이다. 하지만 당연하게도 우

리의 희망사항일 뿐이다. 유명인들과 홍보업자들은 샤덴
프로이데를 필요한 만큼 유발하고 흡수하고 이용하면서
그 흐름을 타는 방법을 잘 알고 있다. 폭음을 일삼는 앳된
얼굴의 텔레비전 진행자나 촬영장에서 까다롭게 군다는
사실이 까발려진 배우는 망신과 치욕 속에 사라지지 않는
다(설령 그런다 해도 우리 기분이 좋아지지는 않을 것이다). 결
국 그들은 다시 소파에 앉아 화장지를 쥐고서, 잘못을 인
정하고 치료의 여정을 이야기하며 번지르르한 사과의 말
을 늘어놓을 것이다. 샤덴프로이데가 우리의 권력처럼 느
껴질지도 모르지만, 실은 그들이 우리에게서 그것을 곧바
로 빼앗아 간 뒤 우리가 느꼈던 작은 우월감을 키스와 함
께 되돌려보낸 것이다.

그래서 이제는 이런 의문이 들기 시작한다. 남의 실패
를 고소하게 여긴다고 해서 바뀌는 게 있기나 할까?

7장

통쾌한 반란

직 장 에 서 의
샤 덴 프 로 이 데

✘ 항상 부처 같던 직원이 복사기가 말을 안 듣자 씩씩대
　 며 흥분할 때.

✘ 경리부 직원이 복잡한 나눗셈을 못할 때.

✘ 동료 직원이 내가 얘기를 하는 와중에도 정신없이 컴
　 퓨터 자판을 두드리고 있어 어깨 너머로 봤더니 화면
　 에 아무런 의미도 없는 글자들이 나열되어 있을 때.

✘ 또 직장을 땡땡이친 친구가 자기 전화를 대신 받아달
　 라고 부탁해서 받았더니 성병 검사 결과를 알려주는
　 전화일 때.

🦋 친구가 '정신적인 지주가 된다던 반려동물 햄스터'에게
물렸을 때.

우리는 4층에 있는 회의실로 한 명씩 들어갔다. 날이
점점 어두워지고 있었지만 아직 아무도 전등을 켜지 않았
다. 상태가 별로 안 좋아 보이는 샌드위치와 과일 조각들
이 가벼운 점심 식사로 차려져 있었다. 내 친구 마크가 셀
로판 포장을 벗기고 먹기 시작하자, 우리 모두 공짜 음식
을 얻어먹는다는 생각에 조금은 들떠서 식사를 시작했다.

창밖으로 도시의 동부가 거의 다 보였다. 한창 지어지
고 있는 최고 높이의 건물, 크레인에 걸려 있는 붉은 조명
등, 하늘에 유유히 흘러가는 보랏빛 구름, 비행기, 그리고
오가는 한담. "크리스마스 잘 보냈어요?" 난방은 너무 셌
고, 우리는 기다리고 있었다.

우리 대학의 부총장이 30분 동안 우리를 '비공식적으
로 만나기' 위해 오는 중이었다. 학과장이 이메일로 설명
하기를(하지만 그의 능글맞은 웃음이 눈에 보이는 것만 같았
다), 전례없이 긴 시간을 허락받은 거라고 했다. 우리의 새
상관을 실제로 만나본 사람이 있을까? 다들 얼굴을 찡그

리며 어깨를 으쓱했다. 나이든 교수들은 시간이 아깝다는 듯 일정표만 노려보고 있었다. 몇몇 젊은 교수들은 머리를 깔끔하게 빗고 말쑥한 바지를 차려입고 와서는 기대에 찬 표정으로 앉아 있었다. 이 만남에서 잘 보이면 후에 좋은 자리라도 하나 꿰찰 수 있을 것처럼. 나를 비롯한 나머지 사람들은 총책을 맡은 자를 신뢰하지 않는 것이 도덕적 의무라는 이유 하나로 괜히 의심에 가득차 있었다.

또 음식이 나왔다. 이번에는 커피가 든 보온병과 비싼 비스킷이었다. 그리고 바로 그때, 쩔쩔매며 굽실거리는 우리 학과장의 안내를 받으며 부총장이 들어왔다. 마크가 내 쪽으로 고개를 돌리더니 가늘고 기다란 눈썹을 휙 올리며 고개를 살짝 흔들었다. 나는 부총장을 다시 보고 상황을 파악하고는 씩 웃었다. 그의 구두에 화장실 휴지가 매달려 있었다.

이상적인 직원

어떤 동료 직원들은 우리의 공모자이자 협력자다. 우

리가 언제 치과에 가야 하는지, 왜 발에 꼭 맞는 신발을 못 사는지, 잘하는 농담은 무엇인지 등 우리 삶의 중요한 면면들을 잘 알고 있다. 비밀스러운 뒷담화를 함께 즐기는 동료들도 있다. 그리고 엘리베이터에서 만나면 인사를 나누는 동료들이 있다. 그런가 하면 귀를 후비거나 책상에 컵들을 쌓아놓거나, 그들 책상 근처의 분리수거함에서 이상한 냄새가 난다고 얘기할 때마다 괜히 방어적인 태도를 보이는 짜증나는 동료들도 있다.

그리고 원수 같은 인간이 꼭 한 명씩은 있다. 내가 바라던 승진을 차지해버리고, 천연덕스러운 농담으로 상사를 웃기고, 나보다 얼마나 잘나가나 곁눈질하게 만드는 인간. 그들의 성공에 배알이 꼴리고, 그냥 손들어야 할지 아니면 싸워야 할지(그나저나 싸울 수 있기나 할까) 고민하게 된다. 그런데 이런 사람들이 상사의 자녀 이름을 잘못 기억하거나 인사부 여성 직원의 콧수염에 대해 농담하다가 들키는 참사가 일어나면 우리는 당연히 속으로 웃는다. 이제 그의 시대는 가고 나의 시대가 오는 거야.

텔레비전 광고를 보면 오늘날의 일터는 신뢰와 상호 존중으로 번영하는 생태계처럼 보인다. 직원들(보통은 소프트웨어 엔지니어나 디자이너, 건축가, 혹은 엉뚱하게도 학자 같은 지식 노동자들로 묘사된다)은 개방적이고 열정적이며 유쾌하고 창조적이다. 그들은 일을 떠맡고 해결하는 동안 에도 동료들이나 상사들과 허심탄회하고 좋은 관계를 유지하며, 그 대가로 개인적인 기여도를 높게 평가받는다. 가학적인 관리자들의 '분열과 통치' 책략, 신입사원의 혹독한 신고식, 본인이 잘나 보이겠다고 경쟁자를 깎아내리는 끊임없는 물밑 작업의 시대는 지났다. 현대의 일터는 폭군이 아닌 팀, 조롱이 아닌 예의, 따돌림이 아닌 대화를 갈망한다. 이곳에서 실수란 그저 '배움의 순간'일 뿐이다. 실수를 인정하고 앞으로 나아가면 된다.

이제 현실로 돌아가자면, 사무실에서도 샤덴프로이데가 싹트고 몇 배로 증식할 수 있다. 가끔은 그것을 부추기는 분위기가 노골적으로 느껴질 때도 있다. 정장 차림의 기업가들이 하이파이브를 하고 있는 그 끔찍한 클립아트 그림들이 과연 직장인들의 의욕을 높여줄까? 그들의 축하하는 미소 뒤에는 다른 회사의 계약 실패가 있다. 경쟁자들을 무찔러라? 경쟁자의 수익이 뚝 떨어지면 만세를 부르라는 말과 무엇이 다른가? 대부분의 대학교수들은 오늘날 영국의 고등교육에서 중시되는 대학 순위표를 질색한다. 하지만 라이벌 대학의 순위가 떨어지면(우리 대학의 순위가 올랐거나 말거나) 우리는 복도에서 회심의 미소를 주고받는다. 우리 팀과 다른 팀이 맞붙었을 때, 상대 팀의 실수는 우리에게 한줄기 빛, 우리 개인보다는 우리 집단이 이룬 개가가 된다.

물론 대부분의 일터에서 샤덴프로이데는 훨씬 더 은밀하며, 우리가 옆으로 밀려나거나 누군가가 자기를 띄우려 든다는 의혹이 들 때 발생한다. 서서 회의를 진행하자는 한 동료의 급진적인 제안이 단칼에 퇴짜를 맞으면, 튀어보려다 톡톡히 망신당하는 꼴이 고소해 속으로 웃음이 난다. 혹은 건강해 보이는 동료가 내게 점심을 먹으러 나가라고 호들갑스럽게 부추겨 나를 겸연쩍게 만들었는데(나는 나가고 싶지 않다. 계속 컴퓨터 앞에 몸을 구부리고 앉아서 신발이나 구경하고 싶다) 그가 폭우를 만나는 바람에 운동복을 입고 이사회에 참석하게 생겼다. 나는 전에 없이 의욕이 불끈 솟아 기대에 찬 표정으로 곧장 회의실에 도착한다. 이런 '소탈한' 복장으로 회의에 나타난 그의 해명을 듣고 싶으니까.

어떤 직장은 보너스를 한 사람에게 몰아주거나, 직원들이 더 열심히 더 빨리 일하도록 자극하기 위해 모든 이들의 월간 목표를 공개하는 식으로 일부러 동료들을 서로 등지게 만든다. 이런 환경에서는 목표를 달성하지 못한 동료를 놀리는 것이 정감 어린 장난이 될 수도 있다. 서운한 기분을 풀고, 계속 돌아가는 운명의 수레바퀴 속에서 오늘의 승자가 내일의 패자가 될 수 있음을 인정하는 것이다. 하지만 겉으로 보기에 그리 경쟁이 치열하지 않은 환경에서도 꼭 튀는 동료가 한 명은 있다. 원래는 나와 같은 위치였지만(심지어는 내가 약간 더 잘나갔는데), 어떻게 알았는지 줄을 잘 서서 출세에 도움이 될 사람들과 시시덕거리며 잡담을 떨고, 커피숍에 가서 상사가 마시는 이름도 못 들어본 커피를 마시고, 항상 상사와 함께 엘리베이터에 타서 적절한 농담으로 웃음을 유발하고, 상사가 방금 산 것과 정확히 똑같은 브랜드의 구두를 신는다(상사의 침실에 몰래카메라라도 설치해놓은 건 아닌지 의심이 들 정도다). 마침내 그는 중요한 고객을 맡고, 새 자전거, 고급 식당에서의 점심 식사, 조깅을 누리는 눈꼴신 인간이 된다. 그리고 몇 달 후 그가 엄청난 실수를 저지르면, 우리는 닫힌 문과 내려진 블라인드 뒤로 그와 상사 간에 오가는 격렬한 대화를 엿들으려 목을 길게 뺀다. 내리막길로 쭉 미끄러진 후 예전보다 더 과묵하고 침울해진 그를 보며 우리는 속으로 쾌재를 부른다. 정의 실현과 복수가 어우러진 이 해피엔딩은 우리의 승리이자 우리가 옳다는 증거이며, 고로 우리는 다소 느리지만 꾸준한 진전을 마음껏 자축한다.

대개 직장생활에서는 경쟁과 협력 관계가 훨씬 더 거북하게 뒤섞이고, 동료들은 친구인 동시에 위협적인 존재다. 팀플레이를 하라는 훈계를 받다가도 어느 순간 정신을 차려보면 평가받고 비교당하고 있다. 동료의 성공을 지지하고 도와야 하는 건지, 아니면 한발 물러나서 일이 잘 안 풀려 그의 평판이 떨어지고 내 평판이 올라가기를 속으로 빌어야 하는 건지 종잡을 수가 없다. 직장 동료와의 관계는 우리가 어린 시절 부모님 등뒤에서 몰래 벌였던 싸움과 비슷한 면이 있다. 형제자매와 사이좋게 지내는 척하면서 실제로는 서로를 이겨먹으려 유치하게 싸우는 것이다.

어떤 동료가 상을 타지 못하면 살짝 마음이 놓이고, 동료의 연말 평가가 예상보다 별로라면 응어리진 속이 풀리는 기분이 든다. 양심껏 감추기는 하지만 자신의 이런 감정을 분명히 감지할 수 있고, 나중에는 꽤 찜찜하고 불편한 기분이 들면서 내가 정말 그랬었나 하는 의문이 들기 시작한다. 다행히도, 상사의 창피한 실수는 훨씬 더 솔직하게 축하할 수 있다.

나쁜 상사의 비참한 최후

- ✄ 상사가 점퍼를 뒤집어 입은 채 직원들에게 용모 단정을 강조할 때.
- ✄ 바닷가로 야유회를 가서 이사가 다들 겁쟁이라며 조롱하듯 얼음장 같은 바닷물로 뛰어들어가 수영하더니 쥐가 났을 때.
- ✄ 새 사장이 '소통, 소통, 소통'을 강조하며 보란듯이 사무실 문을 떼어냈는데 보건안전국에서 문을 나시 달라는 경고가 내려올 때.

우리는 상사들의 농담에 웃고, 그들의 헤어스타일이
바뀌면 칭찬하고, 그들이 중요한 이야기를 하면 허리를
꼿꼿이 펴고 앉아 열심히 듣는 표정을 짓는다. 상사의 의
견에 반대하고 싶을 땐 '제안'이라 둘러대고, 토요일 밤
근무가 또 잡히면 화가 나 미칠 것 같아도 미소 짓는다.
그렇다, 우리는 힘없는 고용인이고, 가끔 상사의 실수를
즐거운 마음으로 지켜본다.

로버트 I. 서튼Robert I. Sutton은 조직 심리학자이자 스탠
퍼드대학 교수이며, 『또라이 제로 조직』과 『참아주는 건
그만하겠습니다』를 저술한 베스트셀러 작가이기도 하다.
로버트는 에너지 넘치고 자상하며 아주 재미있는 사람이
다. 그리고 아마도 끔찍한 상사(로버트가 더 좋아하는 용어
로 '또라이asshole')와 관련된 비밀스러운 사연을 세상에서
제일 많이 알고 있을 것이다. 매일 그가 이메일 수신함을
열 때마다, 생판 모르는 사람들이 그들의 오만한 관리자
와 뒤끝 많은 감독관, 복종과 아첨에 껌뻑 죽고 자기는 원
칙을 지키지 않아도 된다고 생각하는 최고경영자를 비난
하는 이메일이 서너 통은 와 있다. 짜증을 부리고, 의자를
집어던지고, 욕을 하고, 협박하고, 치욕을 주는 또라이 상

사들. 살짝 깔보는 표정과 고의적인 무시로 교묘히 우리를 깔아뭉개는 교활한 상사들. 하지만 로버트가 좋아하는 사연은 인과응보의 이야기다.

"어떤 또라이의 콧대가 꺾인 얘기를 들으면 샤덴프로이데가 생겨날 수밖에 없죠." 로버트가 씩 웃으며 말했다. 어느 대형 항공사는 정보기술팀의 한 또라이를 해고했다. "그가 떠난 후에 다들 만세를 불렀다더군요. 그런데 그 또라이가 경쟁 회사에 취직을 했답니다. 끔찍한 직장으로 소문난 곳에요." 이 얼마나 통쾌한가. 한 라디오 프로듀서는 상사가 계속 그녀의 책상에 있는 음식을 훔쳐 먹자 설사약을 넣은 초콜릿을 만들었고 상사가 한 움큼 집어먹은 뒤 그 사실을 알렸다. 한 최고경영자는 인종차별적 발언으로 해고당한 뒤 『뉴욕 타임스』에 그녀의 행실이 대서특필되면서 톡톡히 망신당했다. 한 기업 고문 변호사의 비서는 실수로 상사의 바지에 케첩을 쏟았다. 그러자 상사는 세탁비 4파운드를 보상하라며 그녀를 내내 괴롭혔고, 심지어는 그녀가 어머니의 장례식을 준비하는 동안에도 독촉 메일을 보냈다. 결국 비서는 상사로부터 받은 이메일들을 인터넷에 올렸고, 변호사는 치욕 속에 사직할 수

밖에 없었다.[1] "또라이가 내 주변에서 사라질 뿐만 아니라 다른 불운까지 덤으로 당하면 그보다 좋을 수 없지요."

로버트는 책에서 좋은 일터란 어떤 곳인가에 대해서도 많이 이야기하지만, 그 안에는 샤덴프로이데라는 감정이 철철 흘러넘치고 있다. 재수없는 상사를 둔 사람들이 '창의적인 회피'나 병가를 이용하여 상사를 무시하거나, 아예 사직을 해버려 값비싼 직원 이동 비용을 쓰게 만드는 사연들을 즐겁게 들려준다. 그리고 그 교훈은 아주 흐뭇하다. 또라이 상사는 업무에 폐를 끼치고 나쁜 족적을 남기며 자기 경력을 스스로 망친다.

이런 이야기들을 읽었을 때, 정의가 실현되고 나쁜 인간들이 업보를 치른 것 같은 느낌이 들었다(설사약을 넣은 과자처럼 조금은 도시 전설처럼 들리는 이야기까지도). 하지만 여기에 그치지 않고, 트릭스터*가 억압자의 허를 찔러 속이는 이야기를 읽을 때처럼 왠지 대담한 동지애도 느껴졌다. 거미 아난시**에서부터 아스텍 신화의 짓궂은 우에

----

* trickster. 여러 민족의 신화나 옛이야기에 등장하여 도덕과 관습을 무시하고 사회 질서를 어지럽히는 인물이나 동물 따위를 이르는 말.

** Anansi. 아프리카 민담의 주인공.

우에코요틀*, 『잭과 콩나무』의 잭에 이르기까지 많은 전통에 트릭스터가 등장한다. 예를 들어, 꾀쟁이 토끼 씨**는 자기를 덫으로 잡은 여우를 꾀로 속여넘긴다. "여우 씨, 제발 나를 찔레 숲으로 던지지 말아요" 하고 토끼는 애원한다. 물론 토끼가 고통받기를 바라는 여우는 정확히 그렇게 하고, 가시나무가 너무도 편안한 토끼는 바로 달아나버린다. 트릭스터 이야기와 마찬가지로 '또라이 쓰러뜨리기' 이야기는 우리를 각성시키고, 우리가 약삭빠르고 대담한 사람이 된 듯 느끼게 만든다. 그리고 이 자신감은 샤덴프로이데의 선물인 동시에 저주가 될 수도 있다.

르상티망

🔖 내 인생을 비참하게 만들었던 옛 상사가 나의 새 직장

---

* Huehuecóyotl. '늙고 늙은 코요테'라는 뜻으로 거짓말의 신이다.

** Br'er Rabbit. 조엘 챈들러 해리스Joel Chandler Harris의 『리머스 아저씨의 노래와 이야기』에서 농장에서 일하는 늙은 흑인 노예인 리머스가 들려주는 이야기에 등장하는 주인공.

에 지원서를 냈는데, 그의 서류 탈락 소식을 내가 이메일로 전하게 됐을 때.

🦋 내가 아파트 옥상에서 담배를 피운다고 신고했던 관리인이 어쩌다 지하에서 담배꽁초로 불을 냈을 때.

🦋 분수를 이해 못한다고 아이들 앞에서 잔인하게 나를 망신시켰던 옛 교사가 학위를 위조했다는 사실이 발각됐을 때.

독일 철학자 프리드리히 니체가 쓴 『도덕의 계보학』은 서구 철학 역사상 가장 어둡고 가장 비관적인 저작일 것이다. 현대인들이 이 책을 읽으며 당혹스러움을 느끼는 것은 여성, 유대교, 흑인, 동성애자에 대한 니체의 노골적인 혐오 때문만은 아니다(그리 놀라운 사실도 아니지만, 니체는 히틀러가 좋아한 철학자였다). 하지만 『도덕의 계보학』을 읽은 후 잔상에 남는 개념이 있다면, 바로 니체가 '원한'이나 '앙심'을 의미하는 프랑스어에서 따와 '르상티망 ressentiment'이라고 부른 현상과 그 안에서 샤덴프로이데가 하는 역할이다.

니체는 우리가 상처받거나 모욕당하면 맞서 싸우는

것이 자연스러운 반응이라고 말한다. 하지만 천성적으로 혹은 주변적인 상황 때문에 자기를 방어하지 못하면(힘이 약하거나 즉각적인 보복이 두려워서, 혹은 공격자가 상사나 부모처럼 내가 의존해야 하는 사람이라서), 억눌린 분노는 눈에 보이지 않는 적개심이 된다. 팔짱을 끼고 앉아서, 상대를 마음 넓게 용서하는 거라고, 인내하는 마음으로 의리를 지키는 거라고 믿고 싶겠지만, 실은 훨씬 더 깊은 악감정을 키우고, 헛되이 복수를 꿈꾸며, 기회만 되면 언제라도 회심의 미소를 지을 준비를 하고 있다. 르상티망에 사로잡힌 인간을 두고 니체는 다음과 같이 말한다. "그의 영혼은 곁눈질을 하고, 그의 정신은 어두컴컴한 구석과 은밀한 길, 뒷문을 사랑한다."[2] 샤덴프로이데는 아무런 위험도 감수하지 않은 채 앙갚음하는 기분을 낼 수 있는 음흉한 전략, '무능력한 자들의 복수'이다.

니체는 샤덴프로이데를 나약한 겁쟁이, 답답하고 빈약한 감정, 무기력함과 무능함에 연결한다. 니체에 따르면, 여성을 비롯한 약자들(유대인, 흑인, 동성애자)이 샤덴프로이데라는 감정을 가장 잘 느낀다. 그것이 주는 공허한 위안과 가짜 우월감이 그들에게 필요하기 때문이다. 후원자인 애거사 고모에게 끊임없이 시달리는 버티 우스터*의 경우가 바로 그렇다. 매부리코를 가진 고모는 버티가 무책임하다며 꾸짖고, 그는 멍청하게 웃으며 거짓으로 동의한다. 그래서 애거사가 호텔 메이드를 진주 목걸이 도둑으로 몰았다가 옷장 서랍에서 목걸이를 발견했을 때 버티는 의기양양하게 떠들어댄다. "이렇게 속이 시원했던 적이 또 있었나 몰라. 손주들한테까지 대대로 전해줘야 할 사건이라니까. (…) 애거사 고모님이 바로 내 눈앞에서 망신을 당하다니."[3]

이렇게 고소하니 기분은 좋을지 몰라도 궁극적으로는 비생산적인 감정이다. 버티와 애거사의 관계는 전혀 변하지 않는다. 버티는 고모가 찾아오지 않게 해달라는 기도를 다시 시작하고, 고모는 예전처럼 그를 자기 마음대로 주무른다. 그저 영원히 남의 손에 놀아나는 자의 은밀한 만족감일 뿐이다. W. H. 오든은 "열쇠 구멍으로 훔쳐보는 요리사들의 샤덴프로이데"라는 표현으로 이 거짓 우월감을 익살스레 포착해냈다.[4]

---

* Bertie Wooster. 영국 작가 P. G. 우드하우스의 희극적인 '지브스Jeeves' 시리즈에 등장하는 인물.

니체의 생각대로 샤덴프로이데는 무익하고 자기기만적인 감정일까? 아니, 실은 훨씬 더 심각한 상황일까? 시트콤 〈오피스The Office〉에 나오는 워넘 호그 제지 회사 직원들의 그 불안한 표정과 창백한 얼굴을 생각해보라. 정리 해고의 위협이 다가오자 그들은 낙담하고 우울해하며 일자리를 잃을까 겁먹는다. 아니나 다를까, 상사인 데이비드 브렌트는 직원들의 편에 서서 싸워주지 못한다. 그는 고위 간부에게 거짓말을 하고 허풍을 떠는 게으른 사람이다. 자기의 천박한 농담이 부하 직원들의 의욕을 높여준다고 착각한다(실제로는 구역질만 일으킬 뿐이다). 하지만 직원들은 상사인 그의 비위를 맞춰주고, 대신에 그가 망신을 당할 때마다 은밀한 쾌감 속에 경멸을 표한다. 눈에 보일 듯 말 듯 히죽이고 눈알을 굴리고, 그의 등뒤에서 소리 없이 씩 웃으며 카메라를 힐끔 쳐다본다. 그들은 오로지 자기 머릿속에서만 승리를 쟁취할 수 있는 희생자들이다. 데이비드가 실패하면 부하 직원들도 망하게 되겠지만, 그래도 그들은 상사의 실패를 즐긴다. 이런 순간들이 아니면 언제 또 우월감과 통제감을 느끼겠는가. 항상 있던 자리에서 안전하게 말이다.

우리 모두 그들과 똑같은 운명에 처하게 될까? 아마도 아닐 것이다. 로버트 서튼은 직장에서의 복수에 관해서라면 우리의 모든 비밀을 알고 있다. 초과 근무 수당을 받지 못하면 포스트잇을 훔치거나 점심시간을 몇 분 더 쓴다. 티가 날 만큼 많이는 말고 내가 영웅처럼 느껴질 정도로만. 이런 전략들로 재수없는 상사의 행동을 바꿀 수는 없어도, 다시 내 인생의 주인이 된 듯한 느낌이 들고, 속이 풀리고, 스프레드시트를 열거나 경리부에 전화하는 일이 아주 조금은 편해질지도 모른다. 하지만 과연 샤덴프로이데가 일터에서 의미 있는 변화를 가져올 수 있을까?

운이 좋으면, 아주 은밀한 형태의 샤덴프로이데라도 흔적이 남을지 모른다. 자신이 직원들에게 비웃음거리가 되고 있음을 감지한 상사는 행동을 바로잡을 수도 있다 (아니면 도리어 피해망상에 시달리며 앙심을 품을지도 모르니 위험하다). 긴장한 새 상사에게 대놓고 히죽이는 전략은 영화에서만 먹히는 것 같다. 낸시 마이어스 감독의 영화 〈왓 위민 원트What Women Want〉에서, 다아시(헬런 헌트 분)가

새 상사로 부임해 오자 시카고 광고 회사의 마초 직원들은 속으로 그녀의 아이디어를 비웃는다. 다이시는 두 배의 노력을 통해 팀원들을 자기편으로 만드는 데 성공한다 (할리우드의 장밋빛 영화에서나 가능한 결말이긴 하다).

훨씬 더 중요한 사실이 있으니, 정수기 옆이나 화장실에서 상사의 실수를 들먹이며 키득거리는 시간은 팀워크 다지기에 최고다. 팀워크를 위한 워크숍에서 이 효과적인 기법을 권하지 않는 것이 의아할 정도다. 그리고 이 뒷담화가 결국에는 좀 더 생산적인 대화로 이어질 수도 있다. 어떻게 하면 상사를 살살 구슬려 우리의 점심시간을 방해하지 않게 할 수 있을까? 어떻게 하면 완벽한 타이밍에 복수를 해서 상사가 자기 잘못을 깨닫게 할 수 있을까?

적어도 샤덴프로이데는, 로버트의 표현대로 말하자면, 일터에서 일상적으로 당하는 수모를 감당하기 위한 '심리 트릭'을 제공해주기도 한다. 한 데이트 연구에서 연적의 실패를 보고 샤덴프로이데를 통해 자신감을 얻은 학생들의 데이트 성공 확률이 높아졌던 사실을 기억하는가? 아무리 좋은 상사라도, 실수로 열쇠를 두고 나와 사무실에 못 들어가거나 엄청 비싼 최신형 접이식 자전거를 잘 펴지 못해 끙끙거리는 모습을 보게 되면, 알게 모르게 힘의 균형이 바뀌게 된다. 면접관들의 속옷 차림을 상상하라는 지혜로운 옛 조언처럼, 이 사소한 순간이 우리에게 앞으로 계속 밀고 나갈 두둑한 배짱을 줄지도 모른다. 나는 대학 부총장의 구두에 휴지가 매달려 있었던 사건을 로버트에게 멋쩍게 털어놓았다. 그러자 로버트는 웃음을 터뜨리며 말했다. "항상 나를 막 대하고 애먹이던 교수가 한 명 있어요. 한 번은 그 유명한 교수가 연설을 하는데 바지 지퍼가 내려가 있더군요. 바지 지퍼를 열어놓고 얘기하는 그 인간을 보고 있자니 어찌나 통쾌하던지 말로 다 표현할 수가 없어요. 지금도 그 생각만 하면 정말 기분 좋다니까요." 로버트가 유쾌하게 웃었다. "죄책감을 느끼려고 해봐도 안 되는 걸 어떡합니까!"

우습게 들리긴 하지만, 우리 위에 군림하던 자가 잘난 척하고 권력을 휘두르다 벌을 받고 우리와 마찬가지로 실수도 저지르는 나약한 인간의 모습을 드러낼 때 통쾌한 반란의 순간이 잠깐 찾아온다. 왠지 대담해지고 자신감이 생긴다. 그리고 세상의 변화가 어렴풋이 느껴지기 시작한다.

_8장_

우리 VS
그들

집단 역학과
샤덴프로이데

- 영국 하원의원이 위원회 회의에서 휴대전화로 게임을 하는 모습이 발각되었을 때.

- 전 총리가 '초심으로 돌아가자'를 모토로 반_反부패 운동을 시작했는데 그의 내각 각료들이 스캔들로 거의 다 사임해야 했을 때.

- 상원 상업위원회 위원장이 인터넷을 '일련의 튜브들의 집합'으로 무식하게 표현했을 때.

- 버락 오바마가 펜실베이니아의 육체노동자 계층 유권자들의 마음을 사로잡기 위해 볼링을 치러 갔는데 공

이 계속 홈에 빠졌다. 후에 그는 '스페셜올림픽 선수처럼' 쳤다고 말했다가 거듭 사과해야 했다.

✘ 트럼프 대통령이 대통령 전용기에 타다가 머리카락이 바람에 날려서 감춰둔 대머리가 드러났을 때.

미국 대통령 선거 다음날 아침, 출근하는 길에 보니 기차역 매점에 사람들이 몇 명 모여 있길래 나도 그들 사이에 끼었다. 스마트폰을 들고 다니는 시대에 참 고풍스러운 장면이었다. '짜릿한 휴먼 드라마', '국민의 분노를 타고 공화당이 승리를 거머쥐다' 같은 기사 제목들이 보였다. 앞선 19개월 동안, 곧 미국 45대 대통령이 될 도널드 트럼프는 자기 당의 고위 간부들을 조롱하고, 기자들이 '가짜 뉴스'를 양산한다며 비웃고, FBI가 경쟁 상대의 이메일을 조사하자 기쁜 기색을 감추지 않았다. 물론 민주당원들도 공화당의 분열을 봤을 때, 아니 분열했다고 믿었을 때 여지없이 고소해하는 모습을 보였다. 여성 혐오 발언이 나올 때마다, 트위터에 틀린 철자가 올라올 때마다, 자기도취적인 분노가 터져나올 때마다, 대머리가 얼핏 보일 때마다 인터넷에 패러디물이 올라오고 수많은 사람들이 '좋아요'와 '공유하기'를 눌렀다.

오늘날과 같은 분열의 정치 시대에 반대편의 불운을 기뻐하는 건 너무도 익숙한 의례가 되어버렸다. 섹스 스캔들, 마이크가 켜진 줄 모르고 내뱉은 망언, 강제 사임, 이목을 끌려다 틀어진 선전 활동. 이중 하나라도 터지면 우리는 분기탱천하여 기지와 기백을 쏟아내고, 반향실과도 같은 인터넷에서 그 힘은 증폭된다. 우리가 정치인의 불운에 느끼는 샤덴프로이데는 잘나가던 유명인의 몰락을 보고 느끼는 전율과 크게 다르지 않다. 그들이 과연 그런 지위와 권력을 누릴 자격이 있는가 따지게 되는 것이다. 정치인들의 경우, 우리는 그들의 미숙한 실수와 어리석음, 그리고 무엇보다 도덕적 위선(부정직함과 이중성)에 쾌감을 느낀다. 그 사람들이 우리에게 이래라저래라 할 자격이 없다는 증거니까.

정계의 결함을 조롱하는 일은 예전부터 있어왔다. 1830년 영국 하원을 방문한 열일곱 살의 앤 차머스Anne Chalmers는 회의실 위의 환풍구 근처에서 다른 여성들과 함께 모여 있었던 일을 이야기했다(당시 여성들은 의회 방청석에 입장할 수 없었다). 토론에서 오가는 말들이 단편적으로만 들리고 발언자들이 어렴풋이 보였다. 그런데 두 명의 여성이 '포복절도'를 했다. "아! 세상에! 저 두 눈 좀 봐!" "저 장화 정말 꼴불견이네! 내가 말해도 저것보단 잘하겠다!"[1]

풍자는 2000년이 넘는 세월 동안 민주적 토론에 한몫을 해왔다. 수많은 정권에서 정치적 농담은 은밀한 비판을 가능케 하고 저항의 명맥을 이어가는 중요한 역할을 하고 있다. 못 말리는 유머 감각으로 유명한 가나의 아칸족은 부패한 족장을 농담거리로 삼는다. 크와메라는 한 청년은 지방 정부의 부패에 격분했다. 하지만 그 가해자들을 대면할 기회가 좀처럼 찾아오지 않자 직접 행동에 나서 자신의 밴에 페인트로 이런 말을 썼다. "몇몇 원로들은 못돼처먹었다."(대강 번역하면 이런 뜻이지만, 어쩌면 조금 더 무례한 말이었을지도 모른다.) 원로들은 크와메를 궁으로 불러 그 글을 지우라고 명했다. 크와메는 명령에 따랐다. 그리고 대신에 이렇게 썼다. "달라질 건 없다."[2]

정치 코미디의 체제 전복적인 잠재력을 무시해버리는 사람들도 있다. 코미디가 급진적이라 해도 현상태를 확고히 유지하는 보수적인 성격도 동시에 띤다는 점에서 안

전밸브나 마찬가지라는 것이다. 웃음은 분노를 누그러뜨리고, 좀 더 의미 있는 행동에 대한 욕구를 없애는 것처럼 보일지도 모른다.

우리가 살고 있는 샤덴프로이데의 시대에는 정치적 실수를 조롱하다가 큰 비난에 부딪히기도 한다. 미국의 대선 준비 기간에는 '샤덴프로이데에 흠뻑 젖은 진보주의자들'이 공화당의 시끌벅적한 내분을 즐기면서 그 심각한 위협을 간과하고 있다고 경고하는 이들도 있었다.[3]

샤덴프로이데로 인한 끊임없는 클릭과 공유 탓에 정작 중요한 뉴스가 주목받지 못한다고 염려하는 사람들도 있다. 샤덴프로이데는 우리가 싫증나면 스스로 지쳐 사라져버릴지도 모른다. 아니면 더 심각하게 집단주의적인 원한에 불을 지피든가. 예를 들어 영국에서 브렉시트 찬반 투표 후에 EU 잔류파들은 '브렉시트는 브렉시트Brexit Mean's Brexit'라는 구호를 들고 로터리에 서 있는 시위자들의 사진을 소셜 미디어에 공유하며 킬킬거렸다(구두점 하나 잘못 찍은 걸 지적하면서 느끼는 달콤한 우월감이라니!). 충격적인 패배를 아직 받아들이지 못한 사람들은 이렇게라도 승리감을 느끼고 싶었겠지만, 장기적으로 보면 반대편

의 구두점 실수를 잘난 척 비웃는 건 그다지 건설적이지
못하다.

샤덴프로이데가 정치를 좀먹을 수도 있다는 우려는
예전에도 있었다. 1899년 독일의 지원을 등에 업은 식민
지 반란군들이 매복 공격으로 영국의 여러 부대를 전멸시
켰다. 『모닝 포스트The Morning Post』의 베를린 특파원은 독
일 기자들이 "영국군과 미국군이 기습을 당한 것에 샤덴
프로이데를 드러내지 않도록 주의하라는 특별한 요청을
받고 있다"고 썼다.⁴ 괜히 영국의 심기를 건드려 적대감만
높일까 봐 두려웠던 것이다. 하지만 후에 라이프치히의
언론인들은 "기회가 있을 때마다 영국에 대해 고약한 소
리를 떠들어댔다"는 비난을 받았다. "영국이 승리할 때마
다, 공식적인 특전이 발표되기도 전에 영국의 손실을 과
장되게 설명한 전단들이 거리에 돌아다녔다."⁵ 오늘날과
마찬가지로, 샤덴프로이데는 상대편의 도덕적이고 지적
인 결점으로 여겨졌다. 또 오늘날과 마찬가지로, 저항하
기 힘든 샤덴프로이데의 유혹 때문에 잘못된 정보(전단으
로 돌아다니는 과장된 보도)나 가짜 뉴스가 떠돌아 적대감
을 더욱 부채질할지도 모른다는 염려가 있었다. 항상 그

런 건 아니지만 샤덴프로이데가 정치를 망쳐놓을 수도 있다. 중요한 문제는 어떻게 하면 그런 사태를 막을 수 있느냐 하는 것이다.

파벌 정치

- 젊은 공화당 의원들이 워싱턴에서 데이트 상대를 구할 수 없다고 불평할 때.
- 어느 토리당 의원이 제인 오스틴을 '현존하는 최고의 작가'라고 불렀을 때.
- 브렉시트 지지자들에게 영국의 독립을 상징하는, 새로운 파란색 영국 여권이 프랑스에서 제작될 거라는 뉴스가 보도되었을 때.

기이한 도덕적 딜레마가 하나 있다. 우리가 정치에 관심이 많을수록, 그리고 특정 안건(아마도 좋은 대의)을 지지할수록, 반대편(아마도 조금 덜 좋은 대의)의 실패에 샤덴프로이데를 느낄 확률이 더 높아진다.

2004년 미국 대선을 앞두고 켄터키대학의 심리학자들은 정당 지지와 샤덴프로이데 사이의 관계를 조사했다.[6] 연구진은 켄터키대학의 학부생들이 특정 정당을 지지하는 정도를 평가한 다음, 뉴스 기사들을 한 묶음 주고 읽게 했다. 그중에는 스코틀랜드에서 열린 G8 정상회의에서 당시 공화당 소속 대통령이었던 조지 W. 부시가 자전거를 타고 한 경찰관에게 유쾌하게 손을 흔들다가 그와 충돌해 자전거에서 떨어졌다는 내용의 기사도 있었다.

아니나 다를까 민주당을 맹렬히 지지한 참여자들이 그 기사를 가장 즐겁게 읽었고, 공화당 지지자들은 부시를 염려했다. 민주당 후보인 존 케리가 케네디 스페이스 센터에서 NASA의 하늘색 '토끼 옷'을 입은 채 왕복 우주선 디스커버리호의 출입구로 기어나오는 모습을 실은 기사도 있었다(꼭 검색해보길 바란다. 후회하지 않을 테니까). 전반적으로 민주당 지지자들보다 공화당 지지자들이 이 기사를 더 즐겼다.

2006년 중간 선거가 다가오자 심리학자들은 좀 더 은밀한 형태의 정치적 샤덴프로이데를 실험해보기로 했다. 이번의 주요 쟁점은 이라크의 전사자들로, 양쪽 진영은 '전쟁을 정치화하고' 있다며 서로를 비방하고 있었다. 연구진은 다음과 같이 썼다. "군인들의 죽음은 누가 봐도 명백히 부정적인 일이기 때문에 그 보도를 읽고 즐거워할 미국인이 있을 거라고는 상상하기 힘들다." 하지만 이라크의 노변에서 폭탄이 터져 다수의 미군이 사망했다는 기사를 읽었을 때, 일부 참여자들(정권이 바뀌면 외교 정책의 방향도 바뀔 거라 기대하는 민주당 지지자가 대부분이었다)은 '일종의 고요한 즐거움'을 느꼈다고 시인했다. "전쟁에 대한 내 입장을 뒷받침해주는 사건이라 조금 기쁘기도 했다." "이 사건을 계기로 군인들이 더 빨리 귀국하면 좋겠다." 이렇게 기꺼이 시인하는 사람이 있다는 사실에 놀란 연구진은 "이런 감정에 양면성이 있음을 간과해서는 안 된다"라고 썼다. 정권 교체에 대한 지지나 기대를 표하는 사람들은 '괴롭고' '심란하고' '걱정스럽고' '슬픈' 감정 또한 실토했다(이 연구는 참여자들의 연령을 따로 감안하지 않았다. 모든 응답자들이 10대 후반이나 20대 초반이었기 때문이다. 나이가 들면 이런 반응이 어떻게 변할지 궁금해진다).

2008년 대선 예비선거 동안 진행된 3차 연구에서 켄터키대학의 심리학자들은 사람들이 자신에게 결과적으로 좋을 것이 없는 상황에서도 반대편의 정치적 실수를 즐기는지 조사해보기로 했다. 이번에도 참여자들에게 뉴스 기사를 돌렸다. 미국에 큰 영향을 미치고 있는 불경기에 관한 거짓 기사에서 가공의 어느 유명한 경제학자가 2년 전 논의된 한 법안을 설명했다. 이 가상의 경제학자는 그 법안이 통과되었다면 금융 위기와 불경기는 확실히 피할 수 있었을 거라면서, 결정적인 반대표를 던진 특정 상원의원을 비난했다. 응답자들의 절반은 문제의 그 의원이 공화당의 가장 유력한 후보 존 매케인이라는 내용을 읽었고, 나머지 절반이 읽은 기사에는 그 의원이 민주당의 버락 오바마라고 적혀 있었다. 그리고 심각한 불경기가 오래 지속될 것이며, 모든 미국인들이 그 영향을 체감하게 될 거라는 사실도 강조되어 있었다. 불경기라는 상황이 자신들에게 좋을 것이 없는데도 공화당 지지자들은 오바마가 금융 위기를 초래했다는 기사를 반겼고, 민주당 지지자들은 매케인이 반대표를 던졌다는 사실을 읽고 통쾌했다고 밝혔다.

마틴 에이미스Martin Amis는 자기를 희생하면서까지 샤덴프로이데를 즐기는 사람은 영국인밖에 없다는 우스갯

소리를 했지만 아무래도 틀린 말 같다. 왜 우리는 자기가 속한 집단의 이익을 자기 개인의 이익보다 중시할까?

집단의 든든한 뒷받침

오사마 빈 라덴이 죽은 밤, 미국인들은 타임스스퀘어로, 그리고 백악관 밖으로 대거 몰려가 "USA! USA!" 하고 외쳤다. 이런 경사스러운 분위기를 불편해하는 사람들도 있었다. 사회심리학자 조너선 하이트Jonathan Haidt는 『뉴욕 타임스』에 기고한 글에서 약간의 우려를 표하며, 사람들의 격한 감정 분출을 '집합적 흥분collective effervescence'의 순간으로 묘사했다.[7] 에밀 뒤르켐이 사용한 이 용어는, 의심할 바 없이 공공에게 이익이 되는 일이 생겼을 때 개인성을 상실하고 한 집단으로서 느끼는 비이성적인 희열을 뜻한다.

시위대나 트위터 폭도들이 가끔 위협적인 행동을 보일 때 시사 평론가들은 군중이 사람들의 이성을 빼앗는다고 생각한 귀스타브 르봉Gustave Le Bon과 가브리엘 타르드

Gabriel Tarde 같은 19세기 말과 20세기 초의 초기 군중심리학자들을 자주 언급했다. 르봉은 다음과 같이 썼다. "군중은 지적이지 않다. 집단 속 모든 개인들의 감정과 생각은 똑같은 한 방향으로 향하고, 그들의 의식적 인격은 사라진다." 이 심리학자들이 생각하기에, 집단의 감정적 히스테리에 가장 잘 빠지는 건 항상 그들과 다른 사람들이었다. 여성과 아이들, '지적장애자'와 '저급한 인종'('우리'가 아닌 '그들').

현대의 집단행동 이론가들은 이런 접근법과 거기에 뿌리 깊게 박혀 있는 인종차별적이고 성차별적인 태도를 거부한다. 그들은 우리가 한 집단에 들어가면 정체성을 잃는 것이 아니라, 다른 종류의 정체성, 즉 사회적 정체성으로 옮겨가는 것이라고 말한다. 대부분의 사람들은 복잡하게 얽혀 있는 사회적 정체성을 이용해 자신의 위치를 정한다. 사물들을 범주별로 인식하듯이(이를테면, 자전거 대 자동차), 우리 자신에 대해서도 직업, 생활 방식, 계층, 축구 클럽 등으로 우리의 위치를 정한다. 우리가 속해 있는 집단들이 우리를 완전히 정의하는 것도 아니고, 그중 영구적인 것도 거의 없다. 대신에 누구를 상대하고 있느냐에 따라 더 중요해지는 집단이 있다. 예를 들어 고양이를 키우는 사람과 얘기할 때는 '개 주인'이라는 내 정체성이 최우선시될 것이다. 나는 북런던으로 가야 할 때면 나 자신을 '남런던 사람'으로 인식한다.

사회학자들은 이런 내집단과 외집단의 철저한 구분에 대해 반세기 넘게 연구해왔다. 그들이 내린 중요하면서도 무서운 결론은, 동전 던지기나 누군가의 티셔츠 색깔 같은 사소한 일로 급하게 모였을 때조차 집단 소속감이 아주 강하게 나타날 수 있다는 것이다. 1970년대에 헨리 타이펠Henri Tajfel과 동료들이 제일 처음 설명한 '최소 집단 패러다임minimal group paradigm'[8]이라는 이 현상은 가치관이나 견해를 공유하지 않고도 한 집단을 형성하고 강경하게 그 편에 설 수 있음을 보여준다. 가치관과 견해 같은 건 나중에 맞추면 되는 것이다.

내집단/외집단이 정해지고 나면 바로 경쟁이 시작된다. 내집단에게는 편애를, 외집단에게는 편견을 보이게 된다. 내집단의 구성원들은 깊고 복잡한 내면을 가신 개인들로, 외집단의 구성원들은 우리보다 덜 지적이고 덜 자율적인 존재로 보는 경향이 생긴다. 무엇보다 내집단의 평판을 지키려는 열망이 커서, 자기 집단의 성공은 과장하고 외집단의 실패는 깎아내리고 고소해한다. 다시 말해, 집단을 형성하면 샤덴프로이데에 탐닉할 가능성이 더 커진다. 그리고 그 감정을 겉으로 드러내는 것도 덜 두려워진다. 집단은 우리를 대담하게 만들며, 일이 잘못될 경우 우리는 익명성 속에 숨어 집단의 든든한 뒷받침을 받을 수 있다. 어쩌다 혼자 어두운 골목에서 라이벌 축구팀의 팬을 만나면 고소해하고 조롱하기가 겁나지만, 등뒤에 있는 군중을 느낄 수 있다면, 혹은 트위터에서라면 훨씬 더 쉬워진다.

내집단/외집단 효과는 어디서든 느낄 수 있다. 지역 스카우트 클럽 간에 경쟁할 때에도, 칸막이가 없는 사무실에서 어느 '구역'에 앉을까 고민할 때에도. 그리고 물론 정치판에도 있다. 드라마 〈웨스트 윙West Wing〉에서 백악관 비서실 차장 조시가 스캔들에 휘말리자 백악관 대변인 C. J.는 말한다. "샤덴프로이데를 잘 이용하면 돼요. 일주일만 잘 버티라고 해요." 그러자 조시의 비서 도나가 "샤덴프로이데요?"라고 물어 C. J.가 답한다. "왜 있잖아요, 남의 고통을 즐기는 심리. 하원이 움직이는 원리죠."[9]

샤덴프로이데의 한 가지 효과는 큰 노력을 들이지 않고 순간적으로나마 큰 기쁨을 느낄 수 있다는 것이다. 스포츠와 마찬가지로, 라이벌의 실수는 내게 이득이 될 테니 말이다. 또한 우리는 라이벌의 실패 소식을 열심히 공유한다. 그러면 집단 소속감이 더 강해지고 가끔은 더 넓어지기도 한다. 심리학자들은 우리 주머니에 들어 있는 전화기처럼 아주 사소한 것에서도 이 효과를 목격했다. 한 연구에서 블랙베리 사용자들에게 애플 아이폰의 시스템 오류에 관한 기사를 읽게 했다.[10] 그러자 블랙베리 사용자들은 샤덴프로이데를 크게 느꼈을 뿐만 아니라, 블랙베리를 사용하고 있는 친구들에게 이 소식을 열성적으로 알렸다. 잘난 척하고 거들먹거리는 것처럼 보이는 애플 사용자들이 실망하고 괴로워하는 모습을 즐겁게 상상하며 내집단에 대한 충성심을 더욱 높이는 것이다.

인간은 재미있게도 자기 인식 능력이 상당히 부족하다. 우리는 외집단에게 샤덴프로이데를 느끼면서 그들의 샤덴프로이데를 탓하기도 한다. 샤덴프로이데를 하나의 결점, 지나치게 감정적이고 쉽게 동요한다는 증거, 진정한 힘이 없어 남의 실패에 킬킬거리는 것밖에 할 수 없는 약자를 위한 유일한 보상으로 보는 습관 때문이다. 분열이 심한 정치판에서 공화당은 민주당의 샤덴프로이데를, 민주당은 공화당의 샤덴프로이데를 비난한다.

하지만 도덕적 논의를 빼고 나면 샤덴프로이데는 선하지도 악하지도 않은, 우리가 집단을 형성하면 어쩔 수 없이 나타나는 하나의 행동이 된다. 샤덴프로이데는 우리 집단을 집결시키고 강화한다. 왠지 우쭐하고 의기양양한 기분을 느끼게 해준다. 정치적 기세를 높여준다. 그리고 물론, 바로 이런 이유 때문에 샤덴프로이데는 고의로, 그리고 아주 효과적으로 이용될 수 있다.

작은 혁명

페미니즘 운동가들은 오래전부터 샤덴프로이데의 힘을 알고 있었다. 역사적으로 샤덴프로이데가 여성의 도덕적 결점으로 여겨져왔던 걸 생각하면 무척 기분 좋은 일이다. 18세기의 칸트와 19세기의 쇼펜하우어는 타인의 몰락에 킬킬거리는 심리를 뒷담화, 조종, 거짓말 같은 여성

스러운 악덕들과 연관시켰다. 막스 셸러Max Scheler에게 샤덴프로이데란 필연적으로 여성 심리의 한 특성이 될 수밖에 없었다. 왜냐하면 그에게 여성은 "더 나약하고 그래서 더 복수심이 강한 성"이기 때문이었다.[11] 하지만 최근의 연구 결과를 보면, 남성이 더 자주, 더 강한 샤덴프로이데를 경험한다고 한다(하지만 여성의 경우 착해야 한다는 사회적 요구를 받고 있어, 남의 고통에 느끼는 쾌감을 인정하기가 더 거북할 거라며 이런 통계를 왜곡하는 사람도 있을 것이다).

19세기 후반과 20세기 초반, 영국과 미국의 여성 참정권 운동가들은 샤덴프로이데를 자신들의 소유로 되찾고 그것을 이용해 적들을 무너뜨렸다. 당시엔 여성 참정권론자를 조롱하는 문화가 지배적이었다. 매가리 없는 남편들이 애처롭게 저녁 식사를 차리려 애쓰는 모습을 묘사한 그림엽서가 나왔다. 기자들은 경찰이 여성 참정권 운동가들을 폭력적으로 대거 검거하는 장면을 보며 "못된 고양이들을 쫓아내는" 것 같다고 썼다.[12] 여성 참정권 운동가들은 그 조롱을 적에게 되돌려주는 방법을 찾았다. 야외 집회에서 군중의 조롱을 들으면 그것을 그대로 적에게 돌려보내는 재치 있는 말대꾸로 방해꾼들을 처치했다. 영국의 노동계층 여성으로 참정권 운동에 참여한 애니 케니는 서머싯에서 열린 집회를 회상하며 한 노인에 대해 말했다. 그는 몇 분마다 한 번씩 호통을 쳤다. "네가 내 마누라면 널 독살시킬 거야." 결국 연사는 이렇게 답했다. "그래요, 내가 당신 마누라라면 차라리 독을 먹겠어요."[13]

정적들을 바보처럼 보이게 만드는 게릴라 전술도 있었다. 장관들은 여성 참정권론자들의 곤란한 질문으로 애먹는 것이 싫어서 여성이 있는 공개 석상에서는 연설을 피했다. 이에 대한 답으로 여성 참정권 운동가들은 미리 집회장에 몰래 들어가 오르간 밑에 숨었다. 연설이 시작되면 그들도 말하기 시작했고, 그러면 파이프오르간의 관으로 그들의 목소리가 퍼져나와 간사들은 어리둥절해하고, 청중은 킬킬거리고, 장관들은 어리벙벙해져 진지한 연설을 포기할 수밖에 없었다. 이렇듯 극적인 무질서 상태를 일으키는 건 운동가들이 구사하는 많은 전략 중 하나일 뿐이었고 그 자체로 정치적 변화에 불을 지피기에는 역부족이었을 것이다. 하지만 잠시나마 평소의 권력 관계를 뒤집어엎고 가능성과 동지애를 느낄 수 있었다. 조지 오웰도 말하지 않았던가. "모든 농담은 작은 혁명이다."[14]

조롱과 경멸은 은밀한 형태의 차별을 폭로하는 단편적인 책략으로서 여전히 페미니즘 운동의 중대한 부분으로 남아 있다. 2012년, 당시 매사추세츠주 주지사였던 미트 롬니는 대선 토론에서 임금 평등과 고용 문제에 관한 질문을 받았다. 지금까지 악명을 떨치고 있는 그의 답변은? 그는 자신의 참모가 "여성들로 꽉 채워진 바인더들"을 가져다줬다고 유쾌하게 설명했다.

　　토론이 끝나기도 전에 @Romneys_Binder라는 트위터 계정이(프로필 사진도 바인더였다) 1만 4000명의 팔로워를 끌어모았고, 텀블러에서는 그의 발언을 조롱하듯 바인더를 들고 있는 여자의 사진들로 수많은 영상이 만들어졌다. 하루가 채 지나기도 전에 '여성들로 꽉 채워진 바인더'에 관한 블로그와 트위터, 페이스북 페이지가 27만 4000개의 '좋아요'를 받았다. 아마존 이용자들은 바인더 상품에 풍자적인 평가를 올렸고, 다른 이용자들은 그 평가를 위로 올리기 위해 '추천' 버튼을 눌렀다. "여성들을 보관하기에 이상적인 바인더로 보이기는 한다. 밝은 색상에 멋지고, 독특한 현대적 감각까지! 그런데 안타깝게도 너무 작다. (…) 팔, 다리, 머리가 밖으로 튀어나오겠는데."

또 다른 사람이 맞장구를 쳤다. "그 다양한 여성들을 전부 담을 수 있는 바인더 찾기가 얼마나 힘든데요. (…) 덩치가 어떻든 많은 여자를 담고 싶다면 이 바인더를 사세요!"

또 다른 평가. "이 바인더는 매력적이고 가격도 합리적인 좋은 제품이지만, 유감스럽게도 여성들을 넣기에는 너무 작다."

또 다른 평가. "내 여자들만 그런 건지는 몰라도, 내가 골라준 이 바인더 속으로 들어가기 싫어하는 것 같다."

이렇듯 고도의 기교를 부린 조롱, 한 사람이나 집단에 대한 집중 공격은 이제 우리의 정치판에서 흔히 볼 수 있는 광경이 되었다. 우리가 샤덴프로이데의 시대에 살고 있다고 생각하게 되는 이유이기도 하다. 문제는 과연 그런 수법이 계속 먹힐까 하는 것이다. 타인의 불명예에 득달같이 달려드는 이 열성이 무의식적이고 반사적인 행동, 단순한 버릇이 되어버린 건 아닐까?

특권층을 한 방 먹일 때 효력이 있는 수법을 불운한 사람들에게도 써먹을 때에는 왠지 찜찜한 기분이 든다. 샤덴프로이데가 습관이 되어버린 것처럼 느껴지면, 반대의견을 침묵시키고 몰아내며 건설적인 토론을 방해하고 양분화를 더욱 부추겨 사람들이 의분에 떨며 상대 진영에 욕설을 던지게 만드는 샤덴프로이데의 성질을 염려하게 된다.

샤덴프로이데가 공공의 삶에 대한 사람들의 관심을 떨어뜨리고 담론의 가치를 깎아내린다는 염려는 합당할지도 모른다. 또 샤덴프로이데가 반항과 무모한 저항의 전율이라는 광채를 잃고, 타인의 실수를 즐거워하는 것 자체가 잔인하고 과도하며 불쾌한 목적이 될지도 모른다는 우려 또한 괜한 걱정이 아닐 것이다.

하지만 샤덴프로이데가 도를 넘어 제 기능을 못 하거나, 혼란스럽고 쓸모없게 느껴질 수도 있다는 이런 위험 때문에 우리가 계속 관심을 갖게 되는 건 아닐까? 우리 스스로가 타인의 재앙을 무턱대고 분별없이 즐기고 있는 건 아닌지 염려될 수도 있다. 하지만 자기도 모르게 선을 넘을까 봐 전전긍긍하는 이런 도덕적 혼란 역시 샤덴프로이데를 경험하는 방식의 일부다.

스탠드업 코미디언들은 이런 도덕적 혼란을 인지하고 조롱거리로 삼는다. 웃음은 무질서해 보일지 몰라도 동조의 분위기를 만들어내기도 한다. 스탠드업 코미디 공연을 볼 때 관객들은 자기도 모르게 농담에 따라 웃고는, 나중에 웃은 것을 후회하곤 한다. 어떤 때는 다른 사람들이 웃음을 멈추면, 눈에 띄고 싶지 않아서 혹은 어떤 소름 끼치는 명제에 동의하고 싶지 않아서 같이 입을 다물어버린다. 이런 순간들은 우리가 얼마나 쉽게 샤덴프로이데에 가담하게 되는지를 일깨워준다. 하지만 도덕적으로 의심스러운 문제에 과감히 덤벼들어, 우리가 '멈춰야 하는' 때를 시험하는 것은 흥미진진한 게임이 될 수도 있다. 스스로를 공감 능력 높고 동정심 많은 인간으로 여기고, 남의 고통스러운 굴욕에(응당한 고통이라 해도) 웃는 것을 대단히 불편하게 여기는 진보주의자들에게는 특히 큰 도발이 될 것이다.

그렇다면 우리는 멈춰야 할 때를 알 수 있을까? 호머 심슨이 잘난 체하는 이웃에게 연이어 닥치는 불운을 즐겁게 상상하다가 이웃의 장례식 장면이 떠오르자 갑자기 정신을 차렸던 것을 기억하는가? 어느 시점에 우리의 양심이 끼어들어, 유쾌하게 들끓고 있던 샤덴프로이데를 가라앉혀줄까? 어느 시점에 우리는 '너무 과하다'라고 말할까? 훌륭한 환경운동가 국회의원이 집을 확장하려고 아주 오래된 삼림지대를 밀어버리다가 발각되어 트위터에서 공개적으로 대망신을 당할 때? 한 정치인이 주차 위반 딱지를 두고 거짓말을 했다가 감방에 갈 때? 역겹고 비난받을 만한 의견을 표했던 사람이 불의의 사고를 당했을 때(이를테면, 그의 경비행기가 추락한다든가)?

브리짓 크리스티Bridget Christie는 2016년에 공연한 스탠드업 쇼 〈그녀를 지지한다Stand Up for Her〉의 서두에서 포뮬러 원 자동차 경주의 전설 스털링 모스Stirling Moss에 관한 실화를 들려준다. BBC 라디오와의 인터뷰에서 모스는 포뮬러 원에 여성 선수가 별로 없는 것이 '놀랍지 않다'고 말했다. "여자들도 체력은 있겠지만, 경주에 적합한 정신력을 갖췄는지는 모르겠다."

크리스티가 그다음 꺼낸 이야기가 통쾌하게 느껴질지도 모르겠다.

모스는 텅 빈 엘리베이터 통로로 걸어들어갔다가 추락해 발목이 부러졌다.

당신, 지금 웃고 있나요?

샤덴프로이데에 대처하는 우리의 자세

나는 해피엔딩을 기대했다. 이를테면 이런 식으로 말이다(목청을 가다듬고). 이 책의 집필은 내게 발견의 여정과도 같았습니다. 나의 샤덴프로이데를 드디어 꺾어놨답니다. 팝스타나 모델이나 정치인들에게 안 좋은 일이 생기면 내 일처럼 안타까워요. 실수 동영상도 이젠 안 봐요. 그리고 잘나가던 친구들이 휘청거린다고 해도 전혀 속이 후련하지 않아요. 한마디로, 더 좋은 사람이 된 거죠.

여러분도 이미 알겠지만 전부 다 거짓말이다.

오히려 정반대의 일이 벌어졌다. 이 감정을 연구하면

서, 거기에 더 익숙해져버렸다. 다른 사람의 고통에 찌릿하니 흥분이 밀려들면, 그 감정을 거미처럼 붙잡아 확대경 밑에 놓고 더 자세히 들여다보려 애쓴다. 말하자면 샤덴프로이데 감정가가 된 셈이다. 고소함이 승리감으로, 고요한 만족감이 우쭐함으로 옮겨가는 움직임을 음미하며, 계속 변화하는 그 미묘한 맛을 섬세한 후각으로 감지한 후엔 여지없이 자기혐오라는 씁쓸한 뒷맛이 남는다.

이 책을 끝까지 읽은 여러분 또한 타인의 불행을 즐기는 심리가 우리 삶에 아주 큰 부분을 차지한다는 사실이 조금은 거북하게 느껴질 것이다. 그리고 나에게서 마지막으로 위안이 되는 말을 듣고 싶을 것이다. 이 샤덴프로이데라는 감정을 대체 어떻게 하면 좋을까?

나도 이런 심정을 충분히 이해한다. 이런 책의 끝에서, 삶의 녹슨 구석구석을 땜질하는 데 조금이나마 도움이 될 만한 도구를 얻을 수 있다면 얼마나 고마운 일인가.

물론 나는 심리학자나 윤리학자도 아니고, 자기계발 전문가는 더더욱 아니다. 하지만 윤리적으로 가장 애매모호한 감정인 샤덴프로이데를 생각하며 보내는 동안 그 감정에 어느 정도 편해진 건 사실이다. 그래서 내가 샤덴프로이데에 대해 갖게 된 새로운 관점들을 몇 가지 기본적인 원칙으로 나누어 소개해보고자 한다.

샤덴프로이데는 도움이 된다

사람들은 본능적으로 샤덴프로이데를 '나쁜' 감정, 옹졸하고 음흉한 감정, 뒤가 켕기는 감정으로 생각한다.

나는 샤덴프로이데가 선하거나 악하다고 생각하지 않는다. 가끔 문제를 일으키기는 하지만, 대개는 무해한 즐거움이다. 그 이득에 집중해보면 의외로 유익한 점이 많다. 열등감이 느껴질 때 우리 기분을 좋게 만들어주고, 누구나 실패할 수 있다는 사실을 예찬할 수 있게 해주며, 인생의 부조리함을 볼 수 있게 도와주고, 반항심에 불을 지펴주기도 하고, 약간의 우월감을 통해 앞으로 밀고 나갈 수 있는 대담함을 준다. 정치적 대화의 방향을 바꾸는 데 도움이 되기도 한다. 부정적이고 천박하며 문제만 더 키우는 감정처럼 보일지 몰라도, 샤덴프로이데에는 이렇듯 유용한 면도 있다.

샤덴프로이데를 느낀다고 해서 나쁜 인간이 되는 건 아니다

친구의 나쁜 소식에 느껴지는 짜릿한 즐거움이 연민의 감정을 싹 쓸어가버리면 어떡하지? 이런 내가 위선자는 아닐까? 샤덴프로이데에 대해 생각을 좀 해본 사람이라면 진정한 염려나 동정과 동시에 예상치 못한 통쾌함이 밀려들 수 있다는 사실을 알 것이다. 친구를 위로해주고 싶은데 자꾸 웃음이 삐져나온다. 친구의 상실감이 내게 고스란히 전해지는 동시에 강한 안도감이 밀려든다. 이런 감정의 유연성은 인간이 가진 비범한 능력이며, 도덕적 경직성보다 훨씬 더 흥미롭고 더 진실하기까지 하다. 자랑스러워할 만한 일이다.

샤덴프로이데는 알고 싶지 않은 사실을 알려준다

스무 걸음을 걷는 사이에 자신의 샤덴프로이데를 알아챌 수 있겠는가? 그 맛과 질감의 미묘한 차이를 구분할 수 있겠는가? 감정 상태의 미세한 차이를 인지하는 능력은 정서 지능의 중요한 부분이며, 수치스러워서 상습적으로 무시해버리는 감정에 관해서라면 특히 더 유익하다.

샤덴프로이데가 아무런 이유 없이 일어나지는 않는다. 그리고 그 감정을 제대로 마주할 때, 애초에 그것을 촉발한 원인이 무엇인지 묻기가 더 쉬워진다. 그 사람이 벌을 받아 마땅하다고 생각했는가? 그 이유는? 아니면 승리감에서 나온 기쁨이었는가? 만약 그렇다면 누구에 대한 승리감이었는가? 그 사람에게 질투가 나서 그의 고통이 즐거운가? 그 사람 때문에 자신이 초라하고 나약하게 느껴졌는가? 배신감? 억울함? 분노?

자신의 샤덴프로이데를 알아채고 왜 그리도 달콤한 만족감이 느껴지는지 이해한다면, 그 밑에 깔려 있는 더 괴로운 감정을 마주하는 데 도움이 될 것이다.

(가끔은) 샤덴프로이데를 자백하라

우스꽝스러울 만치 위험한 전략처럼 보이지만 끝까지 들어주길 바란다. 상사나 피해망상이 심한 사촌에게 샤덴프로이데를 시인했다가 좋은 결과를 보기는 힘들 것이다. 남의 나쁜 소식에 대놓고 히죽거리는 인간을 좋아하는 사람은 아무도 없다(감추려고 노력하는 예의 정도는 갖춰야지!).

하지만 가끔은 신경에 거슬리고 왠지 불편한 샤덴프로이데를 느끼는 순간이 있다. 그리고 이런 일이 벌어지면, 게다가 문제의 인물이 내가 신뢰하는 사람일 때면, 최선의 선택은 그들에게 말할 방법을 찾는 것이다.

필리파 페리가 다음과 같이 대화를 시작해보라고 제안했다. "네가 새 직장을 못 구했을 때 왠지 우월감이 느껴졌어…… 그런 감정이 찝찝했는데, 너도 비슷하게 느끼는지 궁금해. 예를 들어 나는 새 차를 살 형편이 못 됐는데 넌 살 수 있었을 때라든가?"

나는 집에서 비슷한 방법을 시도해보았다. 내가 이 책을 쓰는 동안 남편도 책을 쓰고 있었고 나보다 빨리 끝냈다. 설상가상으로 남편이 편집장으로부터 칭찬과 축하의 이메일을 받은 바로 그날, 나는 내 편집장으로부터 "저, 원고는 언제 받을 수 있을까요?"라는 내용의 이메일을 또 받았다.

그래서 그날 밤 남편이 집에 왔을 때, 이메일로 책의 문제점들을 많이 지적당했다고, 그걸 다 해결하려면 몇 달 동안 고생해야 할 거라고, 그래서 낙심했다는 말을 정말로 듣고 싶었다. 하지만 남편은 느긋하게 자축의 차를 한 잔 끓였고, 그러고 나서 우리는 서로 왜 지방세를 내지 않았느냐며 대판 싸웠다(나는 여전히 그의 책임이라고 생각한다).

나중에 상황이 진정됐을 때, 나는 남편이 그런 이메일을 받은 것이 기쁜 동시에 일이 너무 잘 풀리지는 않았으면 하고 내심 바랐다고, 그리고 이제는 그런 감정을 느꼈던 나 자신이 정말 부끄럽다고 솔직히 고백했다.

사람 좋은 내 남편은 웃었다. 그런 다음 우리는 신문에 냉소적인 서평을 남긴 어떤 지독하게 잘나가는 작가에 대한 미움으로 똘똘 뭉쳤다.

이렇게 해서 예상과는 달리, 고백으로 내 기분이 더 나아졌다.

샤덴프로이데는 쌍방향으로 이루어진다

마지막으로 가장 중요한 의문을 던져보자. 우리의 큰 실패에 누군가가 고소한 기분을 애써 억누르는 것이 보인다면 어떻게 해야 할까? 명백히 괘씸한 일이니 그와의 우정을 당장에 끊어야 할 것이다. 하지만 그러지 못한다면, 우리가 뭘 할 수 있을까?

첫째, 그의 잘못을 지적하지 말 것. 쩨쩨한 짓이니까. 자신의 비열한 샤덴프로이데를 인정하는 것과 남을 난처하게 만드는 것은 별개의 문제다.

하지만 둘째로, 그들이 용감하게 샤덴프로이데를 시인한다면 우리도 곧장 실토해야 한다.

마지막으로, 우쭐한 기분을 맛보아라(너무 많이는 말고). 다른 누군가가 나에게 샤덴프로이데를 느꼈다면, 내가 그들에게 부족하지 않은 적수로 보였다는 뜻이다. 그들이 원하는 무언가를 내가 가지고 있다는(혹은 가지고 있었다는) 뜻이다. 내가 그들의 상실감을 즐겼던 때도 분명 있었을 것이다. 내가 지금 당하고 있는 고통이 자업자득이 아니라면(이렇게 느껴진다면 자기 자신을 냉정하게 돌아보자), 그들이 고소해하는 건 예전에 나 때문에 초라해지는 기분을 느꼈던 경험 때문이다. 끔찍한 고뇌와 실패 속에서 이런 순간은 일종의 선물이 된다.

✕

가끔은 우리가 살고 있는 세상이 완벽만을 추구하는 것처럼, 우리의 결점을 처벌하고 더 나아가 완전히 제거하려는 것처럼 느껴질 때가 있다. 샤덴프로이데를 좀 더 자세히 들여다보면 다른 이야기가 보인다. 타인과 우리는 서로의 실수에서 기쁨과 안도감을 찾는다는 것이다.

샤덴프로이데는 악의적인 감정처럼 보일지 몰라도, 그것을 좀 더 가까이 들여다보면 훨씬 더 복잡한 감정의 풍경이 드러난다. 거만하고 능글맞게 웃는 사람이 알고 보면 오히려 더 쉽게 상처받을지도 모른다. 증오처럼 보이는 감정이 실은 갈등 어린 사랑, 소속감에 대한 갈망일지도 모른다. 남의 불행한 소식을 들으면 기운이 나는 것은, 낙담하고 실패하는 사람이 나뿐만이 아님을 발견하게 되기 때문이다.

분명 샤덴프로이데는 흠일 수도 있다. 하지만 우리에
겐 그것이 필요하다.

구원이라 해도 지나친 말이 아닐 것이다.

제일 먼저, 나의 훌륭한 편집자인 커티 토피왈라와 트레이시 비하르, 그리고 프로파일 북스, 리틀, 브라운 앤드 컴퍼니, 웰컴 콜렉션의 모든 팀원들(특히 수잰 코널리)에게 고마움을 전합니다. 유나이티드 에이전트의 존 엘렉과 로사 시렌버그에게도 감사합니다.

이 책은 퀸 메리 런던대학에 있는 감정의 역사 센터의 '감정과 함께 하는 삶' 프로젝트에 연구자로 참여하면서 쓰게 되었습니다. 이 프로젝트를 재정적으로 지원해준 웰컴 콜렉션과 모든 관계자분들, 특히 무한한 응원과 격려를 아끼지 않는 토머스 딕슨에게 감사드립니다.

이 책을 위해 기꺼이 인터뷰에 응해주신 분들 모두 고맙습니다. 캐스파 애디먼, 제임스 키멜 주니어, 리사 펠드먼 배럿, 존 포트먼, 필리파 페리, 그리고 로버트 I. 서튼, 여러분의 시간과 유머를 나누어주셔서 고마워요.

개인적인 의견과 전문 지식을 너그럽게 공유해주신 분들께 특히 감사드립니다. 리처드 H. 스미스, 몰리 크로킷, 엘시 리처드슨, 리첼 화이트헤드, 커스티 린 카이내스턴 가디너, 줄스 에번스, 롭 브리너. 너무 많아서 여기에 다 언급하지는 못하겠지만, 의견을 제안해주고 자신의 비밀스러운 샤덴프로이데까지 고백해준 모든 분들, 정말 고맙습니다! 퀸메리런던대학 영어 연극 대학원의 멋진 동료들에게는 언제나 그렇듯 큰 빚을 졌어요.

유익한 조언을 해준 데이비드 맥페트리지, 캐서린 닉시, 톰 위플, 조 피전에게 감사드립니다.

그리고 늘 그렇듯 나의 가족에게 고마움을 전합니다. 특히 샤덴프로이데를 느낀 경험을 나누어준 톰, 에드나, 더못, 그리고 여러모로 큰 힘이 되어준 카멜, 무한한 너그러움과 도움을 베풀어주신 부모님 이언과 어설라, 감사해요. 앨리스와 에드워드, 나에게 항상 큰 기쁨을 줘서 고마워. 그리고 마이클 휴즈, 당신이 모범을 보여주지 않았다면, 격려와 사랑을 보내주지 않았다면 이 책을 완성하지 못했을 거야.

프롤로그　타인의 실패에서 위로를 얻다

1   Friedrich Nietzsche, *On The Genealogy of Morality* (1887), trans.
    Carol Diethe, Cambridge, Cambridge University Press, 1997,
    pp. 42~43.

2   Steven R. Nachman, 'Discomforting Laughter: "Schadenfreude"
    among Melanesians', *Journal of Anthropological Research*, vol. 42,
    no. 1, Spring, 1986, pp. 53~67.

3   L. Boecker et al., 'The face of schadenfreude: Differentiation
    of joy and schadenfreude by electromyography', *Cognitive
    Emotion*, vol. 29(6), 2015, pp. 1,117~1,125.

4   Thomas Hobbes, 'Human Nature' (1640), in *Human Nature
    and De Corpore Politico*, Oxford, Oxford University Press, 2008,
    pp. 21~108, p. 58.

5   Wilco W. van Dijk and Jaap W. Ouwerkerk (eds), *Schadenfreude:
    Understanding Pleasure at the Misfortune of Others*, Cambridge,
    Cambridge University Press, 2014, p. 2.

6   Arthur Schopenhauer, *On the Basis of Morality* (1841), trans. E. F. J. Payne, Indianapolis, BobbsMerrill, 1965, p. 135.

7   Richard Chenevix Trench, *On the Study of Words*, London and New York, Macmillan, 1872, p. 68.

8   Thomas Carlyle, 'Shooting Niagara: And After?' (1867), in *The Works of Thomas Carlyle, Vol. 30, Critical and Miscellaneous*, vol. 6, Cambridge, Cambridge University Press, 2010, p. 11, pp. 1~48.

9   'Chess', *The Hull Packet and East Riding Times*, 27 May 1881.

10   Frances Power Cobbe, 'Schadenfreude' (1902), in *Prose by Victorian Women: An Anthology*, Andrea Broomfield and Sally Mitchell (eds), Routledge, Oxford, 1996, pp. 335~350.

11   The physician Sir William Gull, 'Our London Letter', *The Sheffield and Rotherham Independent*, 19 October 1887.

12   William Shakespeare, *The Merchant of Venice*, III:i, pp. 95~97.

13   Friedrich Nietzsche, *On the Genealogy of Morality*, p. 20.

14   https://afterdeadline.blogs.nytimes.com/2009/01/13/the-age-of-schadenfreude/.

15   https://www.theguardian.com/commentisfree/2017/may/02/fyre-festival-brexit-schadenfreude-emotion-defines-times.

16   Charles Dickens, *Bleak House* (1853), Oxford, Oxford University Press, 1948, p. 9.

17   http://www.bbc.co.uk/news/world-europe-37546307.

18   Simon Baron-Cohen, *Zero Degrees of Empathy: A New Theory of Human Cruelty*, Allen Lane, 2012, p. 64.

19   Fyodor Dostoevsky, *Crime and Punishment* (1866), trans. Nicolas Pasternak Slater, Oxford, Oxford University Press, 2017, p. 161.

1장   남의 실수가 제일 재밌어

1   Mary Beard, *Laughter in Ancient Rome: On Joking, Tickling and Cracking Up*, Oakland, University of California Press, 2014, p. 77.

2   Salvatore Attardo (ed), *Encyclopedia of Humor Studies*, LA and London, Sage, 2014, p. 28.

3   R. I. M. Dunbar et al., 'Social laughter is correlated with an elevated pain threshold', *Proceedings of the Royal Society B*, vol. 279, 2012, p. 1,731. 미스터 빈에 관한 일화는 던바의 BBC 인터뷰에 나온다. http://www.bbc.co.uk/news/science-environment-14889165.

4   Salvatore Attardo (ed), *Encyclopedia of Humor Studies*, LA and London, Sage, 2014, p. 657.

5   Y. Musharbash, 'Perilous Laughter: Examples from Yuendumu, Central Australia', *Anthropological Forum*, vol. 18(3), 2008, pp. 271~277.

6   Sigmund Freud, *The Joke and Its Relation to the Unconscious* (1905), London, Penguin, 2002, p. 218.

7   Roger Caillois, *Man, Play and Games* (1958), trans. Meyer Barash, Free Press, 2001, p. 24.

8   Salvatore Attardo (ed), *Encyclopedia of Humor Studies*, LA and London, Sage, 2014, p. 678.

9   Henri Bergson, *Laughter: An Essay on the Meaning of the Comic* (1900), trans. Cloudesley Brereton and Fred Rothwell, New York, Dover, 2005, p. 46.

10   John Aubrey, *Brief Lives*(1679–1680), London, Vintage, 2016, p. 305.

11   'Are these the worst dates you've ever heard?'. https://www.bbc.co.uk/news/uk-england-41173459.

2장   라이벌의 짜릿한 실패

1   Susan Sontag, *Regarding the Pain of Others*, London, Hamish Hamilton, 2003, p. 37.

2   Thomas Hobbes, *Human Nature*, p. 54.

3   Travis Elborough and Nick Rennison (eds), *A London Year: Daily Life in the Capital in Diaries, Journals and Letter*, London, Frances Lincoln, 2013.

4   Plato, *The Republic, trans.* D. Lee, Harmondsworth, Penguin,

1988, pp. 215~216.

5   Charles Maturin, *Melmoth the Wanderer* (1820), Oxford, Oxford
        University Press, 2008, p. 203.

6   Lucretius, *The Nature of Things*, trans. A. E. Stallings, London,
        Penguin, 2007, p. 36.

7   Carl Thompson (ed), *Shipwreck in Art and Literature: Images
        and Interpretations from Antiquity to the Present Day*, Abingdon,
        Routledge, 2013, p. 115.

8   Edmund Burke, *A Philosophical Enquiry into the Sublime and
        Beautiful* (1757), London and New York, Routledge, 2008,
        p. 134.

9   Jean-Baptiste Dubos, *Critical Reflections on Poetry, Painting and
        Music* (1719), trans. Thomas Nugent, London, Nourse, 1748.

10   William James, *The Principles of Psychology* (1890), London,
        Macmillan, 1891, pp. 412~413.

11   William Carlos Williams, 'The crowd at the ball game' (1923),
        in *William Carlos Williams: Selected Poems*, London, Penguin,
        1976, p. 58.

12   J. W. Ouwerkerk, and W. W. van Dijk (eds), 'Intergroup Rivalry
        and Schadenfreude', in *Schadenfreude: Understanding Pleasure
        at the Misfortunes of Others*, 2014, pp. 186~199, pp. 18~187.

13   The Fifth Down, *New York Times* NFL Blog, https://fifthdown.
        blogs.nytimes.com/2008/09/08/manhattan-cheered-bradys-

injury-did-you/.

3장   그 인간은 당해도 싸!

1   Lisa Coen, 6 August, 2017.

2   Søren Kierkegaard, *Works of Love* (1847), trans. H. V. Hong and E.
     H. Hong, New Jersey, Princeton University Press, 1995, p. 257.

3   Charles Baudelaire, 'Of the Essence of Laughter' (1855), in
     Baudelaire: Selected Writings on Art and Literature, trans. P. E.
     Charvet, London, Penguin, 2006, pp. 140~164, p. 146.

4   Immanuel Kant, *Critique of Practical Reason* (1788), trans. Lewis
     White Beck, Chicago, University of Chicago Press, 1949, p. 170.

5   Dominique J. F. de Quervain et al., 'The Neural Basis of
     Altruistic Punishment', *Science*, 27 August 2004, pp. 305,
     1,254~1,258.

6   Ernst Fehr and Simon Gächter, 'Altruistic Punishment in
     Humans', *Nature*, vol. 415, January 2002, pp. 139~140.

7   M. J. Crockett et al., 'The Value of Vengeance and the Demand
     for Deterrence', *Journal of Experimental Psychology*, vol. 143(6),
     2014, pp. 2,279~2,286.

8   Natacha Mendes et al., 'Preschool children and chimpanzees
     incur costs to watch punishment of antisocial others', *Nature
     Human Behaviour*, vol. 2, 2018, pp. 45~51.

9   A. Strobel et al., 'Beyond Revenge: Neural and Genetic Bases of Altruistic Punishment', *NeuroImage*, vol. 54(1), 2011, pp. 671~680.

10   Tania Singer et al., 'Empathic Neural Responses are Modulated by the Perceived Fairness of Others', *Nature*, 2006, pp. 439, 466~469.

11   K. M. Carlsmith et al., 'The paradoxical consequences of revenge', *Journal of Personality and Social Psychology*, vol. 95(6), pp. 1,316~1,324.

12   Jon Ronson, *So You've Been Publically Shamed*, London, Picador, 2016, p. 68.

13   Adam Kotsko, *Awkwardness: An Essay*, O Books, Washington, 2010.

14   Lisa Feldman Barrett, *How Emotions Are Made: The Secret Life of the Brain*, Macmillan, London, 2017, p. 73.

4장   잘난 척하더니 쌤통이다

1   Aksel Sandemose, *A Fugitive Crosses His Tracks* (1933), New York, Knopf, 1936, pp. 77~78.

2   Baldassare Castiglione, *The Book of the Courtier* (1528/1561 trans.), London, J. M. Dent, 1994, p. 43.

3   J. Beckett, 'Laughing with, Laughing at, among Torres

Strait Islanders', *Anthropological Forum*, vol. 18(3), 2008, pp. 295~302.

4   George Eliot, 'The Sad Fortunes of the Reverend Amos Barton', in *Scenes of Clerical Life* (1857), Oxford, OUP, 2015, pp. 3~70, p. 7.

5   Jean de La Fontaine, *The Fables of La Fontaine* (1668–1694), trans. R. Thomson, Edinburgh and London, Ballantyne, 1884, p. 71.

6   Alexander Roberts and James Donaldson (eds), *The Writings of Quintus Sept. Flor. Tertullianus, vol.* 1, Edinburgh, Clark, 1870, p. 34.

7   Abraham Lincoln, 'Proclamation 97: Appointing a Day of National Humiliation, Fasting and Prayer', 30 March 1863.

8   J. K. Rowling, Commencement Address, Harvard University, 5 June 2008.

9   A. A. Milne, *The World of Pooh*, Toronto, McClelland, 1977, p. 251.

5장   내가 더 사랑받아야 해

1   Felix Adler, *Moral Instruction of Children* (1893), New York, Appleton, 1905, p. 212.

2   Iris Murdoch, *A Severed Head*, London, Vintage, 2001, p. 33.

3   S. J. Solnick and D. Hemenway, 'Is More Always Better?', *Journal of Economic Behavior & Organization*, vol. 37, 1998, pp. 373~383.

4   L. Colyn and A. Gordon, 'Schadenfreude as a mate-value-tracking mechanism', *Personal Relationships*, 2013, p. 20.

5   Samuel Stouffer et al., *The American Soldier: Adjustment to Army Life, vol. 1.*, New Jersey, Princeton University Press, 1949.

6   Karl Marx, 'Wage-Labour and Capital' (1847), repr. in David McLellan (ed), *Karl Marx: Selected Writings*, Oxford, Oxford University Press, 2000, p. 284.

7   T. A. Wills, 'Downward comparison principles in social psychology', *Psychological Bulletin*, vol. 90, 1981, pp. 245~271.

8   J. V. Wood, S. E. Taylor and R. Lichtman, 'Social comparison in adjustment to breast cancer', *Journal of Personality and Social Psychology*, vol. 49, 1985, pp. 1,169~183.

9   B. Buunk et al., 'The affective consequences of social comparison: either direction has its ups and downs', *Journal of Personality and Social Psychology*, vol. 59, 1990, pp. 1,238~1,249.

10   S. P. Black, 'Laughing to Death: Joking as Support amid Stigma for Zulu-speaking South Africans Living with HIV', *Journal of Linguistic Anthropology*, 22 January 2012, pp. 87~108.

11   L. Scherberger, 'The janusfaced shaman: the role of laughter in

sickness and healing among the Makushi', *Anthropology and Humanism*, 30 January 2005, pp. 55~69.

6장   잘나가더니 꼴좋네

1   Ralph Waldo Emerson, *Essays: First Series* (1841), Boston, Munroe, 1850, p. 190.

2   Adam Smith, *The Theory of Moral Sentiments* (1759), London, Millar, 1761, p. 26.

3   François de La Rochefoucauld, *Collected Maxims and Other Reflections* (1664), Maxim 1:99, Oxford, Oxford University Press, 2007, p. 155.

4   William Shakespeare, *Julius Caesar*, I:ii, pp. 135~138.

5   John L. Locke, *Eavesdropping: An Intimate History*, Oxford, Oxford University Press, 2010, p. 164.

6   Clifford Odets and Ernest Lehman, *Sweet Smell of Success*, dir. Alexander Mackendrick, 1957.

7장   통쾌한 반란

1   Robert I. Sutton, *The No Asshole Rule*, London, Sphere, 2010, pp. 32~33, 130.

2   Friedrich Nietzsche, *On the Genealogy of Morality*, pp. 20~21.

3   P. G. Wodehouse, 'The inimitable Jeeves' (1923), in *The Jeeves Omnibus*, vol. 1, London, Hutchinson, 2006, pp. 401~580, p. 432.

4   W. H. Auden, *The Age of Anxiety* (1947), Princeton, Princeton University Press, 2011, p. 6.

8장   우리 VS 그들

1   Anne Chalmers, *The Letters and Journals of Anne Chalmers* (1830), London, Chelsea, 1923, p. 95.

2   S. Attardo (ed), *Encyclopedia of Humor Studies*, vol. 1, p. 21.

3   Isaac Chotiner, 'Against Liberal Schadenfreude', *Slate Magazine*, 12 March 2016.

4   'The Samoan Difficulty', *The Morning Post*, 13 April 1899.

5   'German Unfriendliness', *The North-Easter Daily Gazette*, 20 February 1900.

6   David J. Y. Combs, Caitlin A. J. Powell, David Ryan Schurtz and Richard H. Smith, 'Politics, schadenfreude and ingroup identification: The sometimes happy thing about a poor economy and death', *Journal of Experimental Social Psychology*, vol. 45, 2009, pp. 635~646.

7   Jonathan Haidt, 'Why We Celebrate a Killing', *New York Times*, 7 May 2011.

8   H. Tajfel, 'Experiments in intergroup discrimination', *Scientific American*, vol. 223, 1970, pp. 96~102.

9   *The West Wing*, 'Disaster Relief', series 5, episode 6, NBC, created by Aaron Sorkin, 5 November 2003.

10   J. W. Ouwerkerk et al., 'When we enjoy bad news about other groups: A social identity approach to outgroup Schadenfreude', in *Group Processes and Intergroup Relations*, vol. 21.1, 2018, pp. 214~232.

11   Max Scheler, *Ressentiment* (1915), Milwaukee, Marquette, 1994, p. 15.

12   *Daily Express*, 21 March 1907.

13   Krista Cowman, '"Doing Something Silly": The uses of humour by the Women's Social and Political Union, 1903~1914', *International Review of Social History*, vol. 52, 2007, pp. 259~274, p. 268.

14   George Orwell, 'Funny, But Not Vulgar' (1944), repr. in *George Orwell, As I Please*, S. Orwell and Ian Angus (eds), D. R. Godine, 1968, p. 184.

옮긴이 **이영아**

서강대학교 영어영문학과를 졸업하고 성균관대학교 사회교육원 전문번역가 양성 과정을 이수했다. 현재 전문 번역가로 활동중이며 옮긴 책으로 『셈통의 심리학』 『도둑맞은 인생』 『걸 온 더 트레인』 『스티븐 프라이의 그리스 신화』 『마음의 문을 닫고 숨어버린 나에게』 『누군가는 거짓말을 하고 있다』 등이 있다.

남의 불행에 느끼는 은밀한 기쁨 샤덴프로이데

위로해주려는데 왜 자꾸 웃음이 나올까

초판 1쇄 인쇄 2020년 6월 23일
초판 1쇄 발행 2020년 7월 1일

지은이 티파니 와트 스미스
옮긴이 이영아
펴낸이 김선식

경영총괄 김은영
책임편집 이승환 **디자인** 심아경 **책임마케터** 박지수
콘텐츠개발3팀장 한나비 **콘텐츠개발3팀** 심아경, 이승환, 김은하
마케팅본부장 이주화 **채널마케팅팀** 최혜령, 권장규, 이고은, 박태준, 박지수, 기명리
미디어홍보팀 정명찬, 최두영, 허지호, 박재연, 김은지, 배시영 **저작권팀** 한승빈, 이시은
경영관리본부 허대우, 하미선, 박상민, 김형준, 윤이경, 김민아, 권송이, 김재경, 최완규, 이우철
외부스태프 임필영(본문 일러스트)

펴낸곳 다산북스 **출판등록** 2005년 12월 23일 제313-2005-00277호
주소 경기도 파주시 회동길 357 3층
전화 02-704-1724 **팩스** 02-703-2219 **이메일** dasanbooks@dasanbooks.com
홈페이지 www.dasanbooks.com **블로그** blog.naver.com/dasan_books
종이 (주)한솔피엔에스 **출력·인쇄** (주)갑우문화사

ISBN 979-11-306-3013-7 (03180)

다산북스(DASANBOOKS)는 독자 여러분의 책에 관한 아이디어와 원고 투고를 기쁜 마음으로 기다리고 있습니다. 책 출간을 원하는 분은 다산북스 홈페이지 '투고원고'란으로 간단한 개요와 취지, 연락처 등을 보내주세요. 머뭇거리지 말고 문을 두드리세요.